Pão Diário

Transformação
Change

Publicações Pão Diário

Transformação

Change

BILÍNGUE
português | inglês

ESCRITORES:
Adam R. Holz, Alyson Kieda, Amy Boucher Pye, Amy L. Peterson, Anne M. Cetas, Arthur L. Jackson, Dave Branon, David C. McCasland, David H. Roper, Elisa Morgan, James Banks, Jeff Olson, John Blasé, Julie Schwab, Kirsten H. Holmberg, Linda Washington, Lisa M. Samra, Mart DeHaan, Mike Wittmer, Monica Brands, Patricia Raybon, Peter Chin, Remi Oyedele, William E. Crowder, Winn Collie, Xochitl E. Dixon

Tradução: Renata Balarine, Rita Rosário, Thaís Soler
Revisão: Dalila de Assis, Dayse Fontoura, Rita Rosário, Lozane Winter
Adaptação e edição: Rita Rosário
Coordenação gráfica: Audrey Novac Ribeiro
Diagramação: Renata Lincy
Imagem: © Shutterstock

Exceto se indicado o contrário, as citações bíblicas são extraídas da Bíblia Sagrada, Nova Versão Transformadora © 2016, Editora Mundo Cristão.

Proibida a reprodução total ou parcial, sem prévia autorização, por escrito, da editora. Todos os direitos reservados e protegidos pela Lei 9.610, de 19/02/1998.

Pedidos de permissão para usar para usar citações deste devocional devem ser direcionados a permissao@paodiario.org

PUBLICAÇÕES PÃO DIÁRIO
Caixa Postal 4190, 82501-970 Curitiba/PR, Brasil
E-mail: publicacoes@paodiario.org • Internet: www.paodiario.org

F4893 • 978-1-64641-081-1

© 2020 Ministérios Pão Diário. Todos os direitos reservados.
Impresso na China

Bilingual ODB Edition

INTRODUÇÃO

TRANSFORMAÇÃO
Siga a Deus nas decisões da vida

Quem entre nós não se apegou à segurança e à familiaridade do presente como se nossa vida dependesse disso, apenas para descobrir mais tarde o que perderíamos se não fôssemos obrigados a mudar?

Assim foi Saulo. Como ele poderia imaginar as escolhas que teria que fazer, os riscos que correria, os quilômetros que viajaria e os novos amigos que faria ao longo do caminho?

Como Bill Crowder, contador de histórias e autor do *Pão Diário*, apresenta nas páginas seguintes, pode ser difícil encontrar alguém menos provável para nos ajudar a descobrir maior alegria e coragem em nossa jornada do que um seguidor da Lei de Moisés, que outrora odiou todos os seguidores de Jesus.

MART DEHAAN

UM

DESVENDANDO UM MISTÉRIO

Transformação. Há algo mais misterioso? Muitos de nós desejam fervorosamente aquilo que não possuem. Se eu fosse mais velho... Se eu fosse saudável... Se eu estivesse na faculdade... Se eu tivesse um trabalho... Se eu tivesse um trabalho *melhor*... Se eu fosse casado... Se o meu cônjuge não fizesse *isso*... Se nós tivéssemos uma casa própria... Se nós não vivêssemos aqui... A lista é interminável, assim como nossos desejos.

E, no entanto, tememos a mudança — o desconhecido e a possibilidade do fracasso e da decepção. Nosso constante anseio por algo diferente geralmente vai de encontro ao nosso medo de mudança. Não podemos experimentar o novo sem passarmos por algum tipo de mudança.

Há um personagem bíblico cuja vida parecia definida por uma mudança dramática e serve de exemplo de como lidar com isso. Além do próprio Cristo, ele é o mais citado e o mais discutido no Novo Testamento. Enquanto seu nome e suas cartas são bastante conhecidos, nós muitas vezes negligenciamos sua história. Ele é o apóstolo Paulo.

É natural que o nome de Paulo seja bastante mencionado nas conversas entre os seguidores de Cristo; ele foi um homem extraordinário. Sua missão e suas viagens foram épicas, sua opinião é admirada, e seus escritos preenchem grande parte do Novo Testamento. Ainda assim, o seu nome nos desperta para as realidades dos desafios trazidos por mudanças.

> *Em termos de volume, as cartas do **apóstolo Paulo** compõem aproximadamente um quarto do Novo Testamento. As 13 epístolas diretamente atribuídas a ele compreendem quase metade dos escritos do Novo Testamento.*

Nossas discussões sobre Paulo geralmente giram em torno de uma de suas cartas, uma declaração de sua teologia, ou de alguma instrução dada por ele e como podemos aplicá-la. Mas e quanto ao próprio homem? Longe de ser uma figura maior do que a vida esculpida em mármore, Paulo foi um homem que descobriu que as mudanças às quais tão violentamente resistiu estavam, de fato, aproximando-o do Deus que era muito maior do que ele poderia imaginar. Sua transformação foi tão profunda que até mesmo o seu nome mudou (ATOS 13:9). Mas trocar um S por P, mudar Saulo para Paulo, apenas toca na superfície das mudanças que fundamentalmente o transformaram. Analisaremos como Deus transformou o coração de um homem que, a partir de então, virou o mundo de ponta-cabeça.

> Nosso constante anseio por algo diferente geralmente vai de encontro ao nosso medo de mudança.

Então quem era esse Saulo/Paulo? Vamos observar sua história.

> Nas Escrituras, as **alterações de nome** frequentemente acompanham tempos significativos de transição espiritual ou encontros com Deus. Outros exemplos disso são: Abrão para Abraão (GÊNESIS 17:5), Jacó para Israel (GÊNESIS 32:28), Daniel para Beltessazar (DANIEL 1:7) e Simão para Pedro (MATEUS 16:17,18).

DOIS

RESISTÊNCIA À MUDANÇA

Observar os acontecimentos que alteram ou redirecionam o curso da história pode produzir uma variedade de reações. Às vezes tais acontecimentos nos apavoram (o genocídio ruandês ou os ataques terroristas de 11 de setembro de 2001), às vezes nos inspiram (a primeira nave espacial com tripulação que pousou na Lua), e por vezes nos desafiam a agir (o Movimento pelos direitos civis em 1960 nos EUA ou o fim do *Apartheid* na África do Sul). A última reação — desafio — é particularmente verdadeira nos acontecimentos da nossa história pessoal. O conjunto de eventos de nossa vida nos molda e nos dá forma; ele inflama as paixões que alimentam nossas buscas, desenvolvimento e crescimento.

A própria história de Paulo se tornou uma alegria e um fardo para ele. Sua natureza passional uma vez o obrigou a temer e a odiar os seguidores de Cristo pelo que ele erroneamente acreditou serem motivos nobres. Mas, para entender o apóstolo Paulo, devemos voltar àqueles dias em que ele era conhecido como Saulo, de volta ao sistema de valores étnicos e religiosos que direcionavam sua vida.

UM ORGULHO DE HERANÇA

> *...ainda que, se outros pensam ter motivos para confiar nos próprios esforços, eu teria ainda mais! Fui circuncidado com oito dias de vida. Sou israelita de nascimento, da tribo de Benjamim, um verdadeiro hebreu. Era membro dos fariseus, extremamente obediente à lei judaica. Era tão zeloso que persegui a igreja. E, quanto à justiça, cumpria a lei com todo rigor* (FILIPENSES 3:4-6).

A herança judaica de Paulo foi o solo arado de sua paixão. Eu entendi isso. Crescendo no sul dos Estados Unidos, certas coisas foram desenvolvidas em meu sistema de valores — hospitalidade, bondade e o ritmo de vida regrado. Esses valores estavam tão arraigados que se tornaram parte de quem sou. O mesmo aconteceu com o jovem Saulo de Tarso. Ele era um produto de seu próprio meio e época.

> ***A circuncisão*** *era o sinal físico para os judeus do pacto de Deus com Abraão* (GÊNESIS 17:10). *Quando Paulo colocou sua confiança na carne, ele estava confiando que sua devoção religiosa o justificaria perante Deus.*

A herança pessoal de Saulo, sua confiança na carne, cresceu a partir de suas raízes judaicas; ele teve grande orgulho em ser um filho de Abraão que cumpria a Lei. Gabou-se de sua circuncisão ritual e celebrou seu lugar na tribo de Benjamim, a tribo que deu a Israel seu primeiro rei (ironicamente chamado Saul [N.E.: No hebraico, Saulo e Saul correspondem ao mesmo nome.]). Embora Paulo fosse um "hebreu de hebreus", seu passado não era definido apenas por sua etnia. Ele estava profundamente enraizado na

Lei de Moisés — a força motriz de sua vida. A centralidade da Lei na vida de Saulo se expressa em três direções:

> O conjunto de eventos de nossa vida nos molda e dá forma; ele inflama as paixões que alimentam nossas buscas, desenvolvimento e crescimento.

1. **Zelo ascendente.** Isso é visto no termo fariseu. Os fariseus eram líderes religiosos que se comprometeram com dedicação meticulosa e inflexível à Lei. Eles até foram além da Lei de Moisés ao estabelecer requisitos adicionais como uma expressão de sua devoção ao Deus de Abraão, Isaque e Jacó.
2. **Ataque exterior.** Em sua paixão pela Lei, Saulo julgava a nova Igreja de Jesus Cristo não apenas como rejeitando essa Lei, mas também como uma ameaça direta a ela. O seu zelo era tão fervoroso que ele perseguia cruelmente a Igreja. Em sua mente, a prisão e até o assassinato eram meios justificáveis de salvaguardar o legado, as tradições e a prioridade da Lei de Moisés (ATOS 9:1,2).
3. **Perfeccionismo interior.** Saulo de Tarso praticava o que pregava — ele andava de acordo com o que falava. Tão rigorosa era sua dedicação às tradições religiosas que ele se descreveu como "inocente" ou perfeito. Se alguém se destacou em obediência à Lei, foi Saulo.

Mandamentos rabínicos adicionais se tornariam conhecidos como a Mishná *(que significa repetição) e o* Talmude *(aprendizado ou instrução). Essas adições, juntamente com a* Torá *(os cinco primeiros livros do Antigo Testamento), coletivamente servem como guia oficial para o judaísmo.*

Essa foi a herança passada para o jovem Saulo de Tarso, e ele a abraçou entusiasticamente. A vida que esses valores produziram constituiu, em partes iguais, esse estudioso e ativista. Saulo de Tarso era um erudito profundamente imerso na Lei de Moisés, nos profetas do Antigo Testamento e ainda mais. Ele também teria sido versado e observador dos líderes rabinos de seus dias, assim como dos ensinamentos orais do *Talmude* e da *Mishná*.

Os rigores de seus estudos desenvolveram o sistema de valores impresso no coração de Saulo desde seus primeiros dias — um sistema criado pela assiduidade à sinagoga junto ao tradicional ensino domiciliar dado aos meninos judeus de sua época. Isso é importante porque, através desse processo de ensino, Saulo estava ganhando mais do que meras informações. Ele estava sendo moldado no coração e na mente para o espírito do judaísmo.

Isso levou a outro aspecto de uma vida cravada nesses valores: o ativismo.

> **Embora Paulo fosse um "hebreu de hebreus", seu passado não era definido apenas por sua etnia. Ele estava profundamente enraizado na Lei de Moisés — a força motriz de sua vida.**

UM MUNDO EM MOVIMENTO

O ativismo de Saulo foi resultado natural de sua formação. Ele foi ensinado que tais valores eram mais do que apenas princípios orientadores ou sugestões úteis, eles eram absolutamente essenciais para honrar a Deus. Não houve substitutos, nenhuma opção e nenhuma variação. O viver para Deus — uma vida de propósito e significado — foi ancorado por um compromisso determinado a esses ensinamentos e com sua prática cuidadosa. Era um chamado nobre, mas, nos primeiros anos da vida adulta de Saulo, era uma vida sob ataque.

Primeiro de tudo, o judaísmo estava sentindo a tensão tanto da pressão política quanto militar da ocupação romana, uma presença que muitas vezes estava em oposição aberta aos valores reverenciados pelo judaísmo. A própria visão dos soldados romanos nas ruas de Jerusalém era tanto ofensiva quanto aterrorizante para os subjugados judeus. Seus estandartes traziam a imagem de César (PRÁTICA PROIBIDA PELA LEI DE MOISÉS, ÊXODO 20:4,5) e eram exibidos pelas ruas resultando em inquietação e até provocando tumulto ocasional.

De modo muito diferente e mais perturbador, o judaísmo estava sob ataque de uma ameaça muito mais difícil de combater. O florescente movimento cristão — pessoas do "Caminho"

(ATOS 9:2) — estava fazendo progresso nas sinagogas e, mais importante, no coração dos judeus. Muitos estavam se convertendo à fé em Cristo, gerando uma ameaça à própria prática do judaísmo.

Para o jovem Saulo, é provável que essa ameaça fosse além da prática do judaísmo. Em sua mente, os cristãos que procuravam convencer os judeus a seguir o rabino nazareno Jesus não estavam simplesmente afastando-os do judaísmo; eram uma ameaça ao seu bem-estar eterno. O ativista em Saulo não estava apenas tentando proteger o judaísmo de uma fé concorrente; ele estava tentando resgatar fiéis judeus daqueles que ele via como lobos em pele de cordeiro.

> [Paulo] foi ensinado que tais valores eram mais do que apenas princípios orientadores ou sugestões úteis, eles eram absolutamente essenciais para honrar a Deus. Não houve substitutos, nenhuma opção e nenhuma variação.

Essas eram as forças em ação na época de Saulo, forças que criaram e moldaram nele uma fé que estava longe de ser passiva. Ele estava ativamente envolvido nas práticas cerimoniais do judaísmo e totalmente comprometido com sua defesa física. No entanto, apesar da profundidade de seu compromisso com a Lei, Saulo estava prestes a descobrir que a coisa que ele mais temia era, na verdade, exatamente o que ele carecia desesperadamente. O núcleo da visão de mundo de Saulo passaria por mudanças dramáticas — uma transformação que começou numa estrada poeirenta rumo à cidade de Damasco.

TRÊS

UMA VIDA MUITO MELHOR

Saulo de Tarso perseguiu apaixonadamente o que ele achava mais importante visto que acreditava que a Lei de Moisés era a fonte da vida. Essa busca apaixonada o levou pela estrada de Damasco e a um encontro com Cristo que não apenas o transformaria, mas também afetaria o mundo.

UMA MISSÃO CHEIA DE TERROR

Enquanto isso, Saulo, motivado pela ânsia de matar os discípulos do Senhor, procurou o sumo sacerdote. Pediu cartas para as sinagogas em Damasco, solicitando que cooperassem com a prisão de todos os seguidores do Caminho, homens e mulheres, que ali encontrasse, para levá- los como prisioneiros a Jerusalém (ATOS 9:1,2).

A paixão de Saulo pela Lei o levou a perseguir os seguidores de Cristo. Observamos imediatamente isso quando ele participou da morte de Estêvão, um dos primeiros seguidores de Cristo que declarou corajosamente a mensagem de Jesus. Ampliando o alcance da perseguição, Saulo foi além de sua meticulosa observância da Lei e embarcou numa campanha sanguinária contra a jovem Igreja (ATOS 7:58–8:3). Na tentativa de erradicar a influência de Jesus de Nazaré, Saulo saiu de Jerusalém para perseguir os seguidores de Cristo. Primeira parada, Damasco.

UM ENCONTRO TRANSFORMADOR

Quando se aproximava de Damasco, de repente uma luz do céu brilhou ao seu redor. Ele caiu no chão e ouviu uma voz lhe dizer: "Saulo, Saulo, por que você me persegue?". "Quem és tu, Senhor?", perguntou Saulo. E a voz respondeu: "Sou Jesus, a quem você persegue! Agora levante-se e entre na cidade, onde lhe dirão o que fazer". Os homens que estavam com Saulo ficaram calados de espanto, pois ouviam uma voz, mas não viam ninguém. Saulo levantou-se do chão, mas, ao abrir os olhos, estava cego. Então o conduziram pela mão até Damasco. Lá ele permaneceu, cego, por três dias, e não comeu nem bebeu coisa alguma (ATOS 9:3-9).

A história da conversão de Saulo tornou-se tão conhecida que o catalisador para uma mudança fundamental de perspectiva é frequentemente descrito como "a experiência na estrada de Damasco". É uma descrição apropriada, pois poucas transformações foram tão súbitas e tão abrangentes quanto o encontro de Saulo com Cristo.

A cena é vívida. Uma luz intensa derrubou Saulo no chão, literalmente descrevendo o que estava acontecendo em seu coração. No momento em que a luz de Cristo o envolveu na estrada, o coração de Saulo foi resgatado das trevas e trazido à Luz. Essa mudança é o cerne da experiência da salvação em Cristo. Em uma de suas cartas, Paulo descreveu tal transformação desta maneira: "Ele nos resgatou do poder das trevas e nos trouxe para o reino de seu Filho amado" (COLOSSENSES 1:13).

> Em uma tentativa de erradicar a influência de Jesus de Nazaré, Saulo saiu de Jerusalém para perseguir os seguidores de Cristo.

Isso foi precisamente o que ele experimentou na estrada para Damasco. Apesar de sua vida ter sido marcada pela paixão espiritual, antes havia sido encoberta por trevas espirituais e, como resultado, suas paixões tinham sido mal orientadas. Agora, à luz de Cristo, o jovem Saulo via claramente. O alvo de sua perseguição não era apenas os que ele achava que se opunham à Lei de Moisés; sua oposição era ao próprio Jesus. Na estrada de Damasco, Saulo chegou numa encruzilhada que exigia uma escolha — uma escolha que reordenaria seu mundo pessoal e interior. Sua vida jamais seria a mesma.

Quando ele perguntou: "Quem és tu, Senhor?" (ATOS 9:5), Saulo ouviu palavras que não esperava: "Sou Jesus, a quem você persegue!". Sua vida foi imediatamente redirecionada à amorosa submissão a Cristo. O encontro de Saulo com Jesus produziu uma dramática alteração no seu propósito. Momentos antes, ele perseguia os seguidores de Cristo. Agora ele seria contado entre eles.

O propósito de Saulo estava agora fundamentado em um novo relacionamento com o próprio Jesus, a quem ele estivera se opondo vigorosamente. Ele seguiria para Damasco, mas por uma razão radicalmente diferente.

> **A imagem da luz e das trevas** tem um claro significado messiânico. A maldição do pecado mergulhou a humanidade na escuridão, mas a luz de Deus apareceu na pessoa de Jesus Cristo e dissipou as trevas (JOÃO 1).

UMA TRANSFORMAÇÃO VERDADEIRA

...e, depois de comer, recuperou as forças. Saulo permaneceu alguns dias em Damasco, com os discípulos. Logo, começou a falar de Jesus nas sinagogas, dizendo: "Ele é o Filho de Deus!". Todos que o ouviam ficavam admirados. "Não é esse o homem que causou tanta destruição entre os que invocavam o nome de Jesus em Jerusalém?", perguntavam. "E não veio aqui para levá-los como prisioneiros aos principais sacerdotes?" (ATOS 9:19-22).

Para mim, a palavra-chave nessa passagem é *logo*. Com a mudança de seu propósito, não houve diminuição de sua paixão. Saulo *logo* se tornou um mensageiro do Cristo que ele uma vez temeu e resistiu. Ele apresentou essa mensagem na sinagoga — o mesmo local que ele havia procurado "proteger" do evangelho. É difícil imaginar uma transformação mais profunda. Saulo fora transportado da escuridão espiritual para a luz do Messias, Jesus Cristo.

> A vida de Saulo mudou num nível fundamental, e sua paixão realmente aumentou, preparando-o para suportar o mesmo tipo de perseguição que ele outrora impôs aos outros.

A vida de Saulo mudou fundamentalmente, e sua paixão realmente aumentou, preparando-o para suportar o mesmo tipo de perseguição que ele outrora impusera aos outros. Ele começou sua jornada para Damasco impulsionado por uma paixão pela Lei, mas um propósito mais digno de sua devoção o dominou.

QUATRO
UM PROPÓSITO MUITO MAIOR

À s vezes a sabedoria de Deus é algo perspicaz e, algumas vezes, um mistério. Suponho que é por isso que o profeta Isaías escreveu: "Meus pensamentos são muito diferentes dos seus", diz o SENHOR, "e meus caminhos vão muito além de seus caminhos. Pois, assim como os céus são mais altos que a terra, meus caminhos são mais altos que seus caminhos, e meus pensamentos, mais altos que seus pensamentos" (ISAÍAS 55:8,9).

Deus ser mais sábio do que nós não é exatamente uma novidade. Ainda assim, pode ser frustrante quando Ele age de maneiras que parecem contraintuitivas. A vida do apóstolo Paulo é um exemplo perfeito desse tipo de realidade misteriosa. Pense no começo da história de Paulo. Seu conhecimento, instrução e experiência o prepararam perfeitamente para servir à Igreja Primitiva como um mensageiro para o povo judeu. Sua compreensão completa das Escrituras o equipou para contrapor os argumentos de seus irmãos judeus. E durante os primeiros anos de sua jornada com Cristo, a herança de Paulo como um "hebreu de hebreus" serviu-lhe bem. Em suas duas primeiras viagens missionárias, ele se engajou na "plantação" de igrejas ao entrar nas sinagogas, apresentando o Cristo das Escrituras e estabelecendo uma nova assembleia entre aqueles que haviam aceitado sua mensagem. Mas isso mudaria. De fato, *precisou* mudar porque o propósito específico de Deus para Paulo foi revelado nas

> Seu conhecimento, instrução e experiência o prepararam perfeitamente para servir à Igreja Primitiva como um mensageiro para o povo judeu. Mas isso mudaria...

> *Afinal, Abraão certamente se tornará uma grande e poderosa nação, e todas as nações da terra serão abençoadas por meio dele"* (GÊNESIS 18:18).

instruções que o Senhor entregou a Ananias quando o recém-convertido Saulo chegou a Damasco: "O Senhor, no entanto, disse: "Vá, pois Saulo é o instrumento que escolhi para levar minha mensagem *aos gentios* e aos reis, bem como ao povo de Israel" (ATOS 9:15 – ÊNFASE ADICIONADA).

Deus queria que Paulo, a pessoa mais bem equipada para levar a mensagem de Cristo aos judeus, voltasse sua paixão aos gentios — todos aqueles que não são judeus por raça ou religião. Em Atos 13, esse propósito se concretizou. Paulo e seu mentor, Barnabé, estavam reunindo o povo judeu em sinagogas por toda a Ásia Menor (atual Turquia) e vendo as pessoas se achegarem a Cristo. Mas eles estavam começando a enfrentar oposição. Na Antioquia da Pisídia, a oposição foi tão intensa que Paulo abraçou uma mudança que abalaria seu mundo — e o nosso:

> *Então Paulo e Barnabé se pronunciaram corajosamente, dizendo: "Era necessário que pregássemos a palavra de Deus primeiro a vocês, judeus. Mas, uma vez que vocês a rejeitaram e não se consideraram dignos da vida eterna, agora vamos oferecê-la aos gentios. Pois foi isso que o Senhor nos ordenou quando disse: 'Fiz de você uma luz para os gentios, para levar a salvação até os lugares mais distantes da terra'"* (ATOS 13:46,47 – ÊNFASE ADICIONADA).

"Agora vamos oferecê-la aos gentios" foi um anúncio público de que a mensagem da cruz não estava limitada por considerações étnicas, nacionais ou culturais. Foi uma declaração de que o perdão estabelecido pelo sacrifício do Filho de Deus estava disponível para todas as pessoas em todos os lugares. A transição de Paulo do público judaico para o gentio colocou o cristianismo em um caminho que um dia será plenamente efetivado na presença do Pai: "...e entoavam um cântico novo com estas palavras: "Tu és digno de receber o livro, abrir os selos e lê-lo. Pois foste sacrificado e com teu sangue compraste para Deus pessoas de toda tribo, língua, povo e nação" (APOCALIPSE 5:9).

Embora a mensagem da cruz já tivesse sido oferecida aos gentios por Filipe (ATOS 8:26-40) e Simão Pedro (ATOS 10), esta foi a designação especial de Paulo: levar a história de Jesus às nações. E ele a levou. Essa missão levou Paulo além da Ásia Menor para a Macedônia, Grécia e, finalmente, para a própria Roma.

O trabalho de formar uma família global de fé começou com a mudança que Paulo inicialmente temia e resistia. A transformação e a missão que começaram na estrada de Damasco levaram-no à alegria e perda, celebração e sofrimento, naufrágio e resgate, aprisionamento e, finalmente, morte. No entanto, Paulo descobriu que essa era uma missão pela qual valia a pena viver e morrer. Era uma missão enraizada no coração que havia sido transformado pela cruz e pelo Espírito de Cristo (VEJA GÁLATAS 2:20). E essa mesma missão continua a atrair paixão, devoção e fidelidade dos seguidores de Cristo hoje.

Essa transformação, no entanto, não veio facilmente. Cristo venceu os medos, dúvidas e resistência iniciais de Paulo para concluir o que começou na estrada de Damasco:

- O antigo homônimo de Saulo (Saul, em hebraico) foi marcado por seu intenso ódio a Davi, mas o ódio de Saulo de Tarso pela Igreja foi transformado em amor apaixonado. *Cristo transforma nosso coração.*
- Saulo, e grande parte da liderança religiosa judaica, considerava Cristo como agente causador de sérios danos à sua lei. Mas Paulo descobriu que Jesus é o meio pelo qual a Lei pode ser entendida, honrada e vivida em espírito. *Cristo expande nossa compreensão.*
- O movimento do coração de Saulo para longe de uma vida e religião que dependiam de seu próprio esforço para uma vida que dependesse da maravilhosa graça de Deus era a evidência de que Cristo é mais do que uma figura religiosa histórica. *Cristo é a nossa vida e força.*
- A missão de Paulo para além de Israel revelou um Deus maior do que uma nação poderia conter. *Cristo morreu por todos.*
- A transformação de Paulo, que infligia dor e sofrimento a outros, para um homem dedicado ao desenvolvimento e progresso de outros imitou Jesus. *Cristo foi o servo de todos.*

De Saulo a Paulo, de perseguidor a crente, de protetor de Israel a apóstolo aos gentios, a transformação de Saulo é um exemplo do que pode acontecer a qualquer pessoa quando Cristo passa a reinar no coração dela. É o cumprimento final do perdão, restauração e transformação que a cruz pretendia conquistar.

CINCO
TEMPOS DE TRANSFORMAÇÃO

Há algo mais misterioso do que a transformação? Ela nos impacta de maneiras que não podemos antecipar e podemos não entender. Essa realidade não se limita à tecnologia, valores culturais ou política. Não há transformação mais profunda do que quando um indivíduo encontra esperança e paz na graça de Jesus. Paulo o vivenciou na estrada de Damasco e ao longo de sua jornada com o Salvador — mudança tão profunda que todos os elementos de sua herança judaica que significavam tanto para ele desapareceram no segundo plano. Ele escreveu aos filipenses:

> *Pensava que essas coisas eram valiosas, mas agora as considero insignificantes por causa de Cristo. Sim, todas as outras coisas são insignificantes comparadas ao ganho inestimável de conhecer a Cristo Jesus, meu Senhor. Por causa dele, deixei de lado todas as coisas e as considero menos que lixo, a fim de poder ganhar a Cristo*
> (FILIPENSES 3:7,8).

Paulo experimentou essa mudança dramática no propósito de sua própria vida e nós também podemos experimentá-la. Paulo escreveu à igreja em Corinto: "Logo, todo aquele que está em Cristo se tornou nova criação. A velha vida acabou, e uma nova vida teve início!" (2 CORÍNTIOS 5:17).

> *Paulo escreveu: "Esta é uma afirmação digna de confiança, e todos devem aceitá-la: "Cristo Jesus veio ao mundo para salvar os pecadores", e eu sou o pior de todos "* (1 TIMÓTEO 1:15). *Curiosamente, ele não escreveu no tempo passado quando fez essa afirmação. Ele ainda se via como o mais proeminente pecador. Isso é uma reminiscência de sua carta aos romanos, na qual Paulo lamentou sua inclinação ao pecado dizendo: "Como sou miserável!..."*
> (ROMANOS 7:24).

"A velha vida acabou, e uma nova vida teve início" é a declaração de que Jesus veio a este mundo para transformar homens e mulheres. Por 2.000 anos, as pessoas descobriram que essas palavras descrevem poderosamente o privilégio do relacionamento com Cristo. Embora Paulo se considerasse o "pior de todos" os pecadores (1 TIMÓTEO 1:15), ele sabia que sua vida, propósito e destino eterno tinham sido transformados por Cristo.

A questão para nós é esta: como reagiremos à mudança? Será que nos recusaremos a aceitá-la, como Saulo de Tarso a rejeitou no início de sua vida (ATOS 9:5)? Ou, em espírito de oração, buscaremos a mão de Deus, como Paulo, o apóstolo, aprendeu a fazer em toda a sua vida de serviço ao seu Senhor e Salvador?

> Não há transformação mais profunda do que quando um indivíduo encontra esperança e paz na graça de Jesus. Paulo o experimentou na estrada de Damasco e ao longo de sua jornada com o Salvador.

Pai celestial, nós também somos pessoas de fortes emoções e compromisso. Às vezes nos agarramos ao presente como se nossa vida dependesse disso, embora nosso coração nos diga que fomos feitos para algo maior do que já experimentamos.

Obrigado por usares a vida de Paulo para nos mostrar que não somos os únicos a resistir às mudanças que acabam nos mostrando o quanto precisamos de ti.

Ajuda-nos a confiar em Teu Filho como nosso Salvador e Senhor, que pode nos aproximar de ti. Teu Filho morreu em nosso lugar, e cremos que a vida ressurreta dele nos impacta e nos transforma de maneiras muito além de nossa capacidade de compreender.

Dá-nos a graça de perceber que as mudanças não te surpreendem, mas são um meio pelo qual nos ajudas a encontrarmos em ti, através do Teu Filho e do Teu Espírito, mais do que o nosso coração jamais imaginou ser possível.

DIA 1

A MAIOR GLÓRIA

Leitura: João 17:1-5,20-24

Naqueles dias, o imperador Augusto decretou um recenseamento em todo o império romano. Lucas 2:1

César Augusto é lembrado como o primeiro e maior imperador romano. Pelas habilidades políticas e poder militar, ele eliminou seus inimigos, expandiu o império e tirou Roma do caos das vizinhanças degradadas, transformando-a numa cidade de estátuas e templos de mármore. Os cidadãos romanos se referiam a Augusto como um pai divino e salvador da raça humana. Quando o reinado de 40 anos chegou ao fim, suas últimas palavras oficiais foram: "Encontrei uma Roma de barro e a deixei de mármore". Segundo sua esposa, porém, suas palavras na verdade foram: "Eu desempenhei bem minha função? Então me aplaudam ao sair".

O que Augusto não sabia é que teria um papel coadjuvante numa história maior. À sombra do seu reinado, o filho de um carpinteiro nascia para revelar algo muito maior do que qualquer vitória militar, templo, estádio ou palácio romano (v.1).

Mas quem poderia ter compreendido a glória pela qual Jesus orou na noite em que Seus compatriotas exigiram que Ele fosse crucificado pelos executores romanos (JOÃO 17:4,5)? Quem poderia ter previsto a maravilha oculta de um sacrifício que seria aplaudido para sempre no Céu e na Terra?

É uma história e tanto! Nosso Deus nos encontrou em busca de sonhos tolos e lutando entre nós mesmos. E nos deixou cantando juntos sobre uma rude cruz. MRD

Pai celestial, ajuda-nos a ver além da glória passageira de todas as coisas e a enxergar o Teu amor.

A única glória que precisamos é a da cruz de Cristo.

THE GREATER GLORY

Read: John 17:1-5,20-24

In those days Caesar Augustus issued a decree that a census should be taken of the entire Roman world. Luke 2:1

Caesar Augustus is remembered as the first and greatest of the Roman emperors. By political skill and military power he eliminated his enemies, expanded the empire, and lifted Rome from the clutter of rundown neighborhoods into a city of marble statues and temples. Adoring Roman citizens referred to Augustus as the divine father and savior of the human race. As his forty-year reign came to an end, his official last words were, "I found Rome a city of clay but left it a city of marble." According to his wife, however, his last words were actually, "Have I played the part well? Then applaud as I exit."

What Augustus didn't know is that he'd been given a supporting role in a bigger story. In the shadow of his reign, the son of a carpenter was born to reveal something far greater than any Roman military victory, temple, stadium, or palace (LUKE 2:1).

But who could have understood the glory Jesus prayed for on the night His countrymen demanded His crucifixion by Roman executioners? (JOHN 17:4,5). Who could have foreseen the hidden wonder of a sacrifice that would be forever applauded in heaven and earth?

It's quite a story. Our God found us chasing foolish dreams and fighting among ourselves. He left us singing together about an old rugged cross. *MRD*

Father in heaven, please help us to see through and beyond the passing glory of everything but Your love.

The glory we need is the glory of the cross.

DIA **2**

O NOME

Leitura: Filipenses 2:5-11

...para que, ao nome de Jesus, todo joelho se dobre, nos céus, na terra e debaixo da terra. v.10

Cleópatra, Galileu, Shakespeare, Elvis, Pelé. Todos eles são tão conhecidos que só precisam de um nome para serem reconhecidos. Eles permaneceram proeminentes na história por causa de quem eram e o que fizeram. Mas há um outro nome que está acima desses ou de qualquer outro nome!

Antes de o Filho de Deus nascer neste mundo, o anjo disse a Maria e José que o chamassem *Jesus,* pois Ele salvaria "...o seu povo dos seus pecados" (MATEUS 1:21) e seria "chamado Filho do Altíssimo" (LUCAS 1:32). Jesus não veio como uma celebridade, mas como um servo que se humilhou e morreu na cruz para que quem o recebe possa ser perdoado e liberto do poder do pecado. "Por isso Deus o elevou ao lugar de mais alta honra e lhe deu o nome que está acima de todos os nomes, para que, ao nome de Jesus, todo joelho se dobre, nos céus, na terra e debaixo da terra, e toda língua declare que Jesus Cristo é Senhor, para a glória de Deus, o Pai" (FILIPENSES 2:9-11).

Em nossos tempos de maior alegria e de nossa mais profunda necessidade, o nome ao qual nos apegamos é *Jesus*. Ele nunca nos deixará e o Seu amor não falhará. CM

Jesus, tu és o nome acima de todos os nomes,
nosso Salvador e Senhor.
Elevamos nosso louvor a ti ao celebrarmos a Tua presença
e poder em nossa vida hoje.

Jesus Cristo não será valorizado o suficiente até que Ele seja valorizado acima de tudo. AGOSTINHO

ONE NAME

Read: Philippians 2:5-11

At the name of Jesus every knee should bow, in heaven and on earth and under the earth. v.10

Cleopatra, Galileo, Shakespeare, Elvis, Pelé. They are all so well known that they need only one name to be recognized. They have remained prominent in history because of who they were and what they did. But there is another name that stands far above these or any other name!

Before the Son of God was born into this world, the angel told Mary and Joseph to name Him *Jesus* because "he will save his people from their sins" (MATTHEW 1:21), and "he [...] will be called the Son of the Most High" (LUKE 1:32). *Jesus* didn't come as a celebrity but as a servant who humbled Himself and died on the cross so that anyone who receives Him can be forgiven and freed from the power of sin.

The apostle Paul wrote, "God exalted him to the highest place and gave him the name that is above every name, that at the name of Jesus every knee should bow, in heaven and on earth and under the earth, and every tongue acknowledge that Jesus Christ is Lord, to the glory of God the Father" (PHILIPPIANS 2:9-11).

In our times of greatest joy and our deepest need, the name we cling to is *Jesus*. He will never leave us, and His love will not fail.

CM

*Jesus, You are the name above all names,
our Savior and Lord. We lift our praise to You as we celebrate
Your presence and power in our lives today.*

**Jesus Christ is not valued at all until
He is valued above all.** AUGUSTINE

DIA 3

PEDRAS MEMORIAIS

Leitura: Josué 3:14–4:7

Lembrem-se das maravilhas que ele fez, dos milagres que realizou e dos juízos que pronunciou. v.5

Algumas manhãs, quando entro no *Facebook*, ele me mostra "memórias" — coisas que postei naquele dia em anos anteriores. Essas memórias, como fotos de casamento do meu irmão ou um vídeo de minha filha brincando com a minha avó, geralmente me fazem sorrir. Mas, às vezes, elas têm um efeito emocional mais profundo. Quando vejo uma nota sobre uma visita ao meu cunhado durante sua quimioterapia ou uma foto da minha mãe, com grampos no couro cabeludo após sua cirurgia no cérebro há três anos, lembro-me da presença fiel de Deus em circunstâncias difíceis. Essas memórias me compelem a orar e a agradecer.

Todos somos propensos a esquecer as coisas que Deus tem feito por nós. Precisamos de lembretes. Quando Josué conduziu o povo de Deus para o seu novo lar, eles tiveram que atravessar o rio Jordão (JOSUÉ 3:15,16). Deus separou as águas, e Seu povo andou em terra seca (v.17). Para criar um memorial deste milagre, eles tomaram doze pedras do meio do leito do rio e as empilharam do outro lado (4:3,6,7). Quando os outros lhes perguntassem sobre o significado das pedras, o povo de Deus contaria a história do que Ele havia feito naquele dia.

Os lembretes palpáveis da fidelidade de Deus no passado podem nos recordar de confiar nele no presente — e no futuro.

ALP

Deus, obrigado por Tua fidelidade a mim durante muitos anos! Ajuda-me a confiar em ti no presente e no futuro.

De que maneira você pode criar lembretes físicos e diários da fidelidade de Deus em sua vida?

STONES OF REMEMBRANCE

Read: Joshua 3:14–4:7

Remember the wonders he has done, his miracles, and the judgments he pronounced. v.5

Some mornings when I go online, Facebook shows me "memories" — things I've posted on that day in previous years. These memories, such as photos from my brother's wedding or a video of my daughter playing with my grandmother, usually make me smile. But sometimes they have a more profound emotional effect. When I see a note about a visit to my brother-in-law during his chemotherapy or a picture of the staples across my mother's scalp after her brain surgery three years ago, I am reminded of God's faithful presence during difficult circumstances. These Facebook memories nudge me towards prayer and gratitude.

All of us are prone to forget the things God has done for us. We need reminders. When Joshua led God's people towards their new home, they had to cross the Jordan River (JOSHUA 3:15,16). God parted the waters, and His people walked through on dry land (v.17). To create a memorial of this miracle, they took twelve stones from the middle of the riverbed and stacked them on the other side (4:3,6,7). When others asked what the stones meant, God's people would tell the story of what God had done that day.

Physical reminders of God's faithfulness in the past can remind us to trust Him in the present — and with the future.

ALP

God, thank You for Your faithfulness to me over many years! Help me to trust You with the present and the future as well.

How can you create physical, daily reminders of God's faithfulness to you?

DIA 4

DESEJO VERDADEIRO E PROFUNDO

Leitura: Marcos 10:46-52

"O que você quer que eu lhe faça?", perguntou Jesus. v.51

O rato com voz estridente, Ripchip, talvez seja o personagem mais destemido de *As Crônicas de Nárnia* (Martins Fontes, 2010). Ele batalhou empunhando sua pequena espada e rejeitou o medo enquanto lutava no *Peregrino da Alvorada* rumo à Ilha Negra. Qual o segredo dele? Ele queria muito chegar ao país de Aslam e disse: "Esse é o desejo do meu coração". Ripchip sabia o que queria e isso o levou em direção ao seu rei.

Bartimeu, um cego de Jericó, sentou-se à beira do caminho, sacudindo sua "latinha" em busca de moedas quando ouviu Jesus e a multidão se aproximando. Ele gritou: "Jesus, Filho de Davi, tenha misericórdia de mim!". A multidão tentou silenciá-lo, mas Bartimeu não se calou. Marcos relata que Jesus parou e, mesmo em meio à multidão, Ele queria ouvir Bartimeu. "O que você quer que eu lhe faça?", perguntou Jesus (v.51). A resposta parecia óbvia; certamente Jesus sabia. Mas Ele parecia acreditar que havia poder em permitir que Bartimeu expressasse seu profundo desejo. "Quero enxergar", disse Bartimeu (vv.47-51). E Jesus enviou Bartimeu para casa vendo as cores, a beleza e os rostos dos amigos pela primeira vez.

Nem todos os desejos são atendidos imediatamente, mas Bartimeu sabia o que desejava e isso o levou a Jesus. Se prestarmos atenção, perceberemos que nossos verdadeiros desejos e anseios sempre nos levam a Ele.   WC

Qual o seu desejo? Isso pode levá-lo a aproximar-se de Jesus?

**Jesus, ajuda-me a levar os meus desejos a ti.
O que busco, só tu podes satisfazer.**

TRUE, DEEP DESIRE

Read: Mark 10:46-52

"What do you want me to do for you?" Jesus asked him. v.51

A mouse with a shrill voice, Reepicheep is perhaps *The Chronicles of Narnia's* most valiant character. He charged into battle swinging his tiny sword. He rejected fear as he prodded on the *Dawn Treader* toward the Island of Darkness. The secret to Reepicheep's courage? He was deeply connected to his longing to get to Aslan's country. "That is my heart's desire," he said. Reepicheep knew what he truly wanted, and this led him toward his king.

Bartimaeus, a blind man from Jericho, sat in his normal spot jingling his cup for coins when he heard Jesus and the crowd approaching. He yelled out, "Jesus, Son of David, have mercy on me!" (MARK 10:47). The crowd tried to silence him, but Bartimaeus couldn't be stopped.

"Jesus stopped," Mark says (v.49). In the midst of the throng, Jesus wanted to hear Bartimaeus. "What do you want?" Jesus asked (v.51).

The answer seemed obvious; surely Jesus knew. But He seemed to believe there was power in allowing Bartimaeus to express his deep desire. "I want to see," Bartimaeus said (v.51). And Jesus sent Bartimaeus home seeing colors, beauty, and the faces of friends for the first time.

Not all desires are met immediately (and desires must be transformed), but what's essential here is how Bartimaeus knew his desire and took it to Jesus. If we'll pay attention, we'll notice that our true desires and longings always lead us to Him. WC

What do you truly desire?
How might this desire lead you to Jesus?

Jesus, help me to bring my desires to You. What I'm ultimately seeking can only be satisfied by what You alone can provide.

DIA 5

LEALDADE SEM CONSTRANGIMENTO

Leitura: Salmo 34:1-4

Venham, proclamemos a grandeza do SENHOR; juntos, exaltemos o seu nome. v.3

Os fãs de esportes amam cantar as proezas de seus times. Vestindo as camisas, postando no *Facebook* sobre seus times amados, ou em conversas com amigos, os torcedores não deixam dúvidas sobre a sua lealdade. Meus bonés, camisetas e conversas sobre o meu time preferido indicam que também sou um dos que fazem isso.

Nossa lealdade aos esportes pode nos lembrar de que a nossa maior e mais verdadeira lealdade deve ser ao nosso Senhor. Penso nisso sem qualquer embaraço quando leio o Salmo 34. Nele, Davi chama nossa atenção a Alguém amplamente mais vital do que qualquer outro na Terra.

Davi afirma: "Louvarei o SENHOR em todo o tempo" (v.1), e somos instados a pensar sobre os momentos em nossa vida quando vivemos como se Deus não fosse nossa fonte de verdade, luz e salvação. Ele diz: "meus lábios sempre o louvarão" (v.1), e pensamos sobre as muitas vezes que louvamos as coisas deste mundo mais do que o louvamos. Davi declara: "Somente no SENHOR me gloriarei" (v.2), e percebemos que alardeamos mais nossos próprios pequenos sucessos do que o que Jesus fez por nós.

Não é errado gostar de nossos times, nossos interesses, nossas realizações. Mas nosso maior louvor vai para o nosso SENHOR: "Venham, proclamemos a grandeza do SENHOR; juntos, exaltemos o seu nome" (v.3). *JDB*

Senhor, ajuda-me a ter o Teu louvor em meus lábios e a me gloriar em ti. Ajuda-me a manter o meu interesse em ti.

Lealdade a Deus é o teste de amor verdadeiro a Ele.

UNASHAMED LOYALTY

Read: Psalm 34:1-4

Glorify the LORD with me; let us exalt his name together. v.3

Sports fans love to sing their teams' praises. By wearing logos, posting notes on Facebook about their beloved teams, or talking about them with friends, fans leave no doubt where their loyalty stands. My own Detroit Tigers caps, shirts, and conversations indicate that I am right there with those who do this.

Our sports loyalties can remind us that our truest and greatest loyalty must be to our Lord. I think of such unashamed loyalty when I read Psalm 34, where David draws our attention to Someone vastly more vital than anything else on earth.

David says, "I will extol the LORD at all times" (v.1), and we are left to wonder about the gaps in our lives when we live as if God is not our source of truth, light, and salvation. He says, "His praise will always be on my lips" (v.1), and we think about how many times we praise things of this world more than we praise Him. David says, "My soul shall make its boast in the LORD" (v.2 NKJV), and we realize that we boast about our own small successes more than what Jesus has done for us.

It's not wrong to enjoy our teams, our interests, and our accomplishments. But our highest praise goes to our LORD. "Glorify the LORD with me; let us exalt his name together" (v.3).

JDB

Lord, help me to have Your praise be on my lips and to boast in You. Help me to keep my focus on You.

Loyalty is the test of true love.

DIA 6

FUGINDO DOS RUÍDOS EXTRAS

Leitura: 1 Reis 19:9-13

E, depois do fogo, veio um suave sussurro. v.12

Há alguns anos, a reitora de uma faculdade sugeriu que os alunos fizessem uma "desaceleração" certa noite.

Mesmo concordando, eles relutaram em deixar o celular de lado ao entrar na capela. Durante uma hora, sentaram-se em silêncio num culto de louvor e oração. Posteriormente, um participante descreveu a experiência como "uma oportunidade maravilhosa de se acalmar [...] uma ocasião de se desligar de todo barulho extra".

Às vezes, é difícil fugir do "ruído extra". O clamor do mundo interior e exterior pode ser ensurdecedor. Mas, quando estamos dispostos a "desacelerar", entendemos o lembrete do salmista sobre a necessidade de nos aquietarmos para saber quem é Deus (SALMO 46:10). Em 1 Reis 19, descobrimos que, quando o profeta Elias buscou o Senhor, não o encontrou no caos do vento nem no terremoto nem no fogo (vv.9-13). Elias ouviu o suave sussurro de Deus (v.12).

Os ruídos extras fazem parte praticamente de todas as comemorações. Quando famílias e amigos se reúnem, é provável que haja conversas animadas, comida em excesso, riso barulhento e doces expressões de amor. Mas quando abrimos silenciosamente o coração, descobrimos que o tempo com Deus é ainda mais doce. Como Elias, somos mais propensos a encontrar Deus na quietude. E, às vezes, se estivermos atentos, também ouviremos esse sussurro suave. *CHK*

Você quer aproximar-se de Deus?
Como você pode "desacelerar"?

É no silêncio que somos mais propensos a ouvir o sussurro suave de Deus.

ESCAPING THE NOISE

Read: 1 Kings 19:9-13

After the fire came a gentle whisper. v.12

Several years ago, the president of a college suggested that students join her in "powering down" for an evening. Although the students agreed, it was with great reluctance that they laid aside their cell phones and entered the chapel. For the next hour, they sat quietly in a service of music and prayer. Afterward, one participant described the experience as "a wonderful opportunity to calm down [...] a place to just tune out all of the extra noise."

Sometimes, it's difficult to escape "extra noise." The clamor of both our external and internal worlds can be deafening. But when we're willing to "power down," we begin to understand the psalmist's reminder of the necessity to be still so we can know God (PSALM 46:10). In 1 Kings 19, we discover as well that when the prophet Elijah looked for the Lord, he didn't find Him in the pandemonium of the wind or the earthquake or the fire (vv.9-13). Instead, Elijah heard God's gentle whisper (v.12).

Extra noise is practically guaranteed during celebrations. When families and friends come together, it's likely a time of animated conversations, excess food, boisterous laughter, and sweet expressions of love. But when we quietly open our hearts, we find that time with God is even sweeter. Like Elijah, we're more likely to encounter God in the stillness. And sometimes, if we listen, we too will hear that gentle whisper. CHK

What will help you draw close to God in silence and solitude? How can you regularly "power down" both your devices and your busy mind?

It's in the stillness we're most likely to hear God's gentle whisper.

AFASTADOS

Leitura: Isaías 43:25; 44:21-23

Afastei seus pecados para longe como uma nuvem; dispersei suas maldades como a névoa da manhã. v.22

Em 1770, a casca de pão era usada para apagar marcas no papel. Pegando um pedaço de borracha de látex por engano, o engenheiro Edward Nairne descobriu que esse material apagava, deixando "partículas" que eram facilmente afastadas com a mão.

No nosso caso, os piores erros da nossa vida também podem ser afastados. É o Senhor — o Pão da Vida — que os limpa com a sua própria vida, prometendo nunca se lembrar dos nossos pecados: "Eu, somente eu, por minha própria causa, apagarei seus pecados e nunca mais voltarei a pensar neles" (ISAÍAS 43:25).

Isso pode parecer ser um reparo extraordinário — e não merecido. Para muitos, é difícil acreditar que os nossos pecados do passado possam ser dispersos por Deus "como a névoa da manhã". Será que Deus, que conhece todas as coisas, pode esquecê-los tão facilmente?

É exatamente o que Deus faz quando aceitamos Jesus como nosso Salvador. Escolhendo perdoar os nossos pecados e nunca mais voltar a pensar neles, nosso Pai celestial nos libera para prosseguirmos. Não mais afastados pelos erros do passado, somos livres dos resíduos e purificados para servir hoje e para sempre.

Sim, as consequências podem permanecer. Mas Deus afasta o pecado, convidando-nos a buscar nele uma nova vida purificada. Não existe forma melhor de ser purificado. *PR*

O Senhor afasta os pecados, apaga o passado e concede nova vida. Esse perdão concede vida.

SWEPT AWAY

Read: Isaiah 43:25; 44:21-23

I have swept away your offenses like a cloud, your sins like the morning mist. v.22

When he invented the pencil eraser, British engineer Edward Nairne was reaching instead for a piece of bread. Crusts of bread were used then, in 1770, to erase marks on paper. Picking up a piece of latex rubber by mistake, Nairne found it erased his error, leaving rubberized "crumbs" easily swept away by hand.

With us too the worst errors of our lives can be swept away. It's the Lord — the Bread of Life — who cleans them with His own life, promising never to remember our sins. "I, even I, am he who blots out your transgressions, for my own sake," says Isaiah 43:25, "and remembers your sins no more."

This can seem to be a remarkable fix — and not deserved. For many, it's hard to believe our past sins can be swept away by God "like the morning mist." Does God, who knows everything, forget them so easily?

That's exactly what God does when we accept Jesus as our Savior. Choosing to forgive our sins and to "[remember them] no more," our heavenly Father frees us to move forward. No longer dragged down by past wrongs, we're free of debris and cleaned up to serve, now and forever.

Yes, consequences may remain. But God sweeps sin itself away, inviting us to return to Him for our clean new life. There's no better way to be swept away.   *PR*

Lord, sweep away my old sins,
erasing my past for new life in You.

DIA **8**

QUEM É?

Leitura: 2 Samuel 12:1-14

...Davi confessou a Natã: "Pequei contra o SENHOR". Natã respondeu: "Sim, mas o SENHOR o perdoou...". v.13

Após instalar uma câmera de segurança em sua casa, o homem foi verificar se o sistema de vídeo estava funcionando. Ao ver uma pessoa de ombros largos e vestida de preto andando pelo quintal, ele ficou observando o que o homem faria. Mas o intruso parecia familiar. Finalmente, percebeu que não se tratava de um estranho, mas que havia gravado a *si próprio*!

O que veríamos se pudéssemos sair da nossa pele em certas situações? Quando o coração de Davi estava endurecido, e ele precisou de uma perspectiva externa — uma perspectiva divina — sobre o seu envolvimento com Bate-Seba, Deus enviou Natã para resgatá-lo (2 SAMUEL 12).

Natã contou a Davi uma história sobre um homem rico que roubara a única ovelha de um homem pobre. Embora o rico possuísse rebanhos, ainda assim matou a única ovelhinha do pobre para fazer uma refeição. Quando Natã revelou que a história ilustrava as ações de Davi, o salmista viu como havia prejudicado Urias. Natã explicou-lhe as consequências, mas garantiu a Davi: "o SENHOR o perdoou" (v.13).

Se Deus revela pecados em nossa vida, Seu propósito maior não é nos condenar, mas nos restaurar e nos ajudar a nos reconciliar com Deus por meio do poder do Seu perdão e de Sua graça.

JBS

Você precisa arrepender-se? Como a graça de Deus o encoraja a entrar em Sua presença com honestidade?

Deus, ajuda-me a ver a minha vida como o Senhor a vê para vivenciar a Tua graça e proximidade.

WHO IS THAT?

Read: 2 Samuel 12:1-14

David said to Nathan, "I have sinned against the LORD." Nathan replied, "The LORD has taken away your sin." v.13

When a man installed a security camera outside his house, he checked the video feature to ensure that the system was working. He was alarmed to see a broad-shouldered figure in dark clothing wandering around his yard. He watched intently to see what the man would do. The interloper seemed familiar, however. Finally he realized he wasn't watching a stranger roam his property, but a recording of *himself* in his own backyard!

What might we see if we could step out of our skin and observe ourselves in certain situations? When David's heart was hardened and he needed an outside perspective — a godly perspective — on his involvement with Bathsheba, God sent Nathan to the rescue (2 SAMUEL 12).

Nathan told David a story about a rich man who robbed a poor man of his only lamb. Though the rich man owned herds of animals, he slaughtered the poor man's lone sheep and made it into a meal. When Nathan revealed that the story illustrated David's actions, David saw how he had harmed Uriah. Nathan explained the consequences, but more important he assured David, "The LORD has taken away your sin" (v.13).

If God reveals sin in our lives, His ultimate purpose isn't to condemn us, but to restore us and to help us reconcile with those we've hurt. Repentance clears the way for renewed closeness with God through the power of His forgiveness and grace.   JBS

What sin(s) do you need to bring to God today in repentance? How does His grace encourage you to come before Him in honesty?

Dear God, help me to see my life the way You see it. I want to experience Your grace and walk closely with You forever.

DIA 9

ATRAVÉS DE UMA NOVA LENTE

Leitura: Êxodo 25:31-40

Por meio de tudo que ele fez desde a criação do mundo, podem perceber [...] sua natureza divina.
Romanos 1:20

"**Deve ser** incrível olhar uma árvore e ver as folhas e não apenas uma mancha verde!", meu pai falou. Eu não poderia ter dito isso de forma melhor. Aos 18 anos, eu não gostava de usar óculos, mas eles mudaram a maneira como eu via tudo, deixando as "manchas" lindas!

Ao folhear as Escrituras, leio certos livros como se estivesse sem óculos. Não parece haver muito para ler. Mas perceber os detalhes do texto pode revelar a beleza no que pode parecer uma passagem enfadonha.

Isso ocorreu quando eu lia o Êxodo. As instruções de Deus para a construção do tabernáculo, Sua morada temporária entre os israelitas, pareciam um monte de detalhes maçantes. Mas parei no capítulo 25, onde Deus orientou a confecção do candelabro. Por fora, deveria ser "de ouro puro batido", incluindo sua base, haste central, lâmpadas, botões e flores (v.31). As taças deveriam ter "a forma de flor de amendoeira" (v.34). As amendoeiras são de tirar o fôlego. E Deus incorporou essa beleza natural em Seu tabernáculo!

Paulo escreveu que os atributos invisíveis de Deus podem ser percebidos claramente pelo Seu poder e Sua natureza divina (ROMANOS 1:20). Para vê-la, às vezes, temos que olhar através de uma nova lente para a criação e passagens bíblicas que possam parecer desinteressantes. *JS*

Senhor, obrigado por nos criares à Tua imagem e ajuda-nos a lembrar que o nosso valor vem de ti.

THROUGH A NEW LENS

Read: Exodus 25:31-40

God's invisible qualities — his eternal power and divine nature — have been clearly seen, being understood from what has been made. Romans 1:20

"It must be amazing to look at a tree and see the individual leaves instead of just a blur of green!" my dad said. I couldn't have said it better. I was eighteen at the time and not a fan of my new need to wear glasses, but they changed the way I saw everything, making the blurry beautiful!

When reading Scripture, I view certain books like I do when I look at trees without my glasses. There doesn't seem to be much to see. But noticing details can reveal the beauty in what might seem to be a boring passage.

This happened to me when I was reading Exodus. God's directions for building the tabernacle — His temporary dwelling place among the Israelites — can seem like a blur of boring details. But I paused at the end of chapter 25 where God gave directions for the lampstand. It was to be hammered out "of pure gold," including its base and shaft and its flowerlike cups, buds, and blossoms (v.31). The cups were to be "shaped like almond flowers" (v.34).

Almond trees are breathtaking. And God incorporated that same natural beauty into His tabernacle!

Paul wrote, "God's invisible qualities — his eternal power and divine nature" are seen and understood in creation (ROMANS 1:20). To see God's beauty, sometimes we have to look at creation, and what might seem like uninteresting passages in the Bible, through a new lens.

JS

Lord, thank You for creating us in Your image. Help me to remember the value I have because I'm made like You.

DIA 10

ESCONDE-ESCONDE

Leitura: Gênesis 3:1-10

Então o SENHOR Deus chamou o homem e perguntou: "Onde você está?". v.9

"**E**le vai me achar", pensei. Meu coração bateu mais rápido quando ouvi os passos do meu primo de 5 anos se aproximando. Ele chegava *mais perto*. Cinco. Três. Dois. "Achei!".

Esconde-esconde. A maioria das pessoas tem boas lembranças desse jogo. No entanto, às vezes, na vida, o medo de ser encontrado não é divertido e está enraizado num instinto de fuga. As pessoas podem não gostar do que veem.

Como filhos deste mundo caído, somos propensos a interpretar o que um amigo meu rotula de "confuso jogo de esconde-esconde" entre Deus e nós. Fingimos que nos escondemos, pois, de qualquer forma, Ele vê todo o caminho e até nossos pensamentos confusos e escolhas erradas. Sabemos disso, embora gostemos de fingir que Ele não pode realmente ver.

No entanto, Deus continua a procurar. Ele nos chama: "Venha, quero ver até mesmo as partes que o envergonham", ecoando a mesma voz que chamou o primeiro ser humano que se escondeu por medo: "Onde você está?" (v.9). Um convite tão caloroso e tão penetrante: "Saia do seu esconderijo, querido filho, e volte a se relacionar comigo".

Pode parecer arriscado demais, até mesmo absurdo. Mas dentro dos limites seguros dos cuidados de nosso Pai, qualquer um de nós, não importa o que tenhamos feito ou deixado de fazer, pode ser totalmente conhecido e amado.

JRO

É reconfortante e libertador saber que Deus o vê e ainda assim anseia que você venha a Ele?

Aquele que nos conhece plenamente nos ama incondicionalmente.

HIDE-AND-SEEK

Read: Genesis 3:1-10

But the Lord God called to the man, "Where are you?" v.9

"He's going to find me," I thought. I felt my little heart pound faster as I heard my five-year-old cousin's footsteps around the corner. He was coming closer. Five steps away. Three. Two. "Found you!"

Hide-and-seek. Most have fond memories of playing the game as children. Yet sometimes in life the fear of being found isn't fun but is rooted in a deep instinct to flee. People may dislike what they see.

As children of a fallen world, we are prone to play what a friend of mine labels, "a mixed-up game of hide-and-seek" between God and us. It's more like a game of pretending to hide — because either way, He sees all the way through to our messy thoughts and wrong choices. We know it, though we like to pretend He can't really see.

Yet God continues to seek. "Come out," He calls to us. "I want to see you, even your most shameful parts" — an echo of the same voice that called to the first human who hid out of fear: "Where are you?" (GENESIS 3:9). Such a warm invitation voiced in the form of a piercing question. "Come out of hiding, dear child, and come back into relationship with Me."

It may seem far too risky, preposterous even. But there, within the safe confines of our Father's care, any of us, no matter what we've done or failed to do, can be fully known and loved. *JRO*

How is it comforting to know that
God sees you and yet still longs for you to come to Him?
How is that knowledge freeing?

The One who fully knows us unconditionally loves us.

DIA 11

PERSEGUINDO A UNIDADE

Leitura: Colossenses 3:9-17

Nessa nova vida, não importa se você é judeu ou gentio, [...] Cristo é tudo que importa, e ele vive em todos. v.11

Cresci na década de 1950, sem questionar o racismo e a segregação na cidade onde vivíamos. Nas escolas, restaurantes, transportes públicos e bairros, as pessoas eram separadas pela cor da pele.

Mudei de atitude em 1968 ao entrar no Exército. Servi com jovens de grupos multiculturais. Aprendemos rápido a entender e aceitar uns aos outros, trabalhar juntos e cumprir nossa missão.

Paulo escreveu à igreja, em Colossos, reconhecendo a diversidade de seus membros, e lhes lembrou: "não importa se você é judeu ou gentio, se é circuncidado ou incircuncidado, se é inculto ou incivilizado, se é escravo ou livre. Cristo é tudo que importa, e ele vive em todos" (v.11). Em um grupo onde as diferenças superficiais e as mais profundas poderiam facilmente dividir as pessoas, Paulo as exortou a revestirem-se de: "compaixão, bondade, humildade, mansidão e paciência" (v.12). E, além dessas virtudes, disse-lhes que se revestissem do amor "que une todos nós em perfeita harmonia" (v.14).

Colocar esses princípios em prática muitas vezes pode ser uma obra em andamento, mas é a isso que Jesus nos chama. O que nós, como cristãos, temos em comum é o nosso amor por Ele. Firmados nisso, buscamos a compreensão, a paz e a unidade como membros do Corpo de Cristo.

Em meio a toda a nossa maravilhosa diversidade, buscamos uma unidade ainda maior em Cristo. DCM

Senhor, une-nos para que nos encorajemos uns aos outros.

O amor de Cristo traz unidade em meio à diversidade.

PURSUING UNITY

Read: Colossians 3:9-17

Here there is no Gentile or Jew, circumcised or uncircumcised, barbarian, Scythian, slave or free, but Christ is all, and in all. v.11

Growing up during the 1950s, I never questioned racism and the segregation practices that permeated daily life in the city where we lived. In schools, restaurants, public transportation, and neighborhoods, people with different shades of skin color were separated.

My attitude changed in 1968 when I entered US Army Basic Training. Our company included young men from many different cultural groups. We soon learned that we needed to understand and accept each other, work together, and accomplish our mission.

When Paul wrote to the first-century church at Colossae, he was well aware of the diversity of its members. He reminded them, "Here there is no Gentile or Jew, circumcised or uncircumcised, barbarian, Scythian, slave or free, but Christ is all, and in all" (COLOSSIANS 3:11). In a group where surface as well as deeper differences could easily divide people, Paul urged them to "clothe [themselves] with compassion, kindness, humility, gentleness and patience" (v.12). And over all these virtues, he told them to put on love "which binds them all together in perfect unity" (v.14).

Putting these principles into practice may often be a work in progress, but that is what Jesus calls us to. What we as believers hold in common is our love for Him. On that basis, we pursue understanding, peace, and unity as members of the body of Christ.

Amid all our wonderful diversity, we pursue an even greater unity in Christ. *DCM*

Lord, You have brought us together through
faith in Your Son, Jesus Christ.

Christ's love creates unity in the midst of diversity.

DIA 12

GRATIDÃO CRESCENTE

Leitura: Romanos 11:33-36

...todas as coisas vêm dele, existem por meio dele e são para ele. A ele seja toda a glória para sempre! v.36

George Herbert, poeta britânico do século 17, encoraja-nos a sermos agradecidos em seu poema "Gratidão": "Tu que me deste tanto, dá-me uma coisa mais: um coração agradecido".

Herbert reconheceu que, para ser grato, precisava simplesmente reconhecer as bênçãos que Deus já lhe havia concedido.

A Bíblia declara Cristo Jesus como a fonte de todas as bênçãos: "todas as coisas vêm dele, existem por meio dele e são para ele" (v.36). "Todas as coisas" abrange o extravagante e o mundano, os dons cotidianos em nossa vida. Tudo o que recebemos na vida vem diretamente de nosso Pai celestial (TIAGO 1:17), e Ele voluntariamente nos concede essas dádivas por causa do Seu amor por nós.

Para ampliar a minha percepção das bênçãos de Deus em minha vida, estou aprendendo a cultivar um coração que reconhece a fonte de todas as alegrias que experimento diariamente, mas especialmente aquelas que tantas vezes acho que sou merecedor. Hoje, isso incluiu uma manhã agradável para correr, a expectativa de rever meus amigos à noite, a despensa cheia para preparar torradas com minhas filhas, a beleza do mundo janela afora e o aroma do café recém-passado.

Quais são "todas as coisas" que Deus já lhe deu? Abra os olhos às Suas bênçãos e isso o ajudará a desenvolver um coração cheio de gratidão.

LMS

Pai, ajuda-me a cultivar um coração grato pelas bênçãos, pequenas ou grandes, que me concedes.

Dê graças a Deus sempre que pensar em tudo o que é bom.

GROWING GRATITUDE

Read: Romans 11:33-36

For from him and through him and for him are all things. v.36

Would you like to cultivate a greater sense of gratitude? George Herbert, a seventeenth-century British poet, encourages readers toward that goal in his poem "Gratefulness": "Thou that hast given so much to me, give one thing more: a grateful heart."

Herbert recognized the only thing he needed in order to be thankful was simply an awareness of the blessings God had already given him.

The Bible declares Christ Jesus as the source of all blessing in Romans 11:36, "For from him and through him and for him are all things." "All things" encompasses both the extravagant and the mundane, everyday gifts in our lives. Everything we receive in life comes directly from our heavenly Father (JAMES 1:17), and He willingly gives us those gifts out of His love for us.

To expand my awareness of God's blessings in my life, I am learning to cultivate a heart that acknowledges the source of all the joys I experience each day, but especially the ones I often take for granted. Today those included a crisp morning to run, the anticipation of an evening with friends, a stocked pantry so I could make French toast with my daughters, the beauty of the world outside my window, and the aroma of freshly brewed coffee.

What is the "so much" that God has already given to you? Opening our eyes to those blessings will help us to develop grateful hearts. *LMS*

Take a few minutes to thank God for what comes to your mind right now. Try to do that throughout the day as well.

When you think of all that's good, thank God.

DIA 13

ESPERANÇA VERDADEIRA

Leitura: Romanos 5:1-11

...pois o seu Espírito confirma a nosso espírito que somos filhos de Deus. v.16

Há pouco tempo, visitei um famoso local turístico com um amigo. A fila parecia curta, pois ia até o fim do quarteirão e virava a esquina. Ao entrarmos no edifício, descobrimos que a fila se estendia pelo salão, subia as escadas e ia a outro recinto. Cada nova etapa revelava mais fila a vencer.

As atrações turísticas e parques temáticos posicionam as multidões para fazer as filas parecerem mais curtas. Mas a decepção pode estar "ao virar a curva".

Às vezes, as decepções da vida são muito mais severas. O trabalho que esperávamos não se concretiza; amigos com os quais contávamos nos falham; o relacionamento romântico que desejamos não se resolve. Mas, nesses desgostos, a Palavra de Deus traz uma verdade revigorante sobre a nossa esperança nele. O apóstolo Paulo escreveu: "...dificuldades e provações [...] contribuem para desenvolvermos perseverança, e a perseverança produz caráter aprovado, e o caráter aprovado fortalece nossa esperança, e essa esperança não nos decepcionará, pois sabemos quanto Deus nos ama, uma vez que ele nos deu o Espírito Santo para nos encher o coração com seu amor" (5:3-5).

Ao colocarmos nossa confiança no Senhor, através de Seu Espírito, Deus nos confirma que somos incondicionalmente amados e estaremos um dia com Ele, independentemente dos obstáculos que enfrentamos. Em um mundo que muitas vezes pode nos decepcionar, como é bom saber que Deus concede a esperança genuína.   *JBB*

Em Cristo, os desesperados encontram esperança.

TRUE HOPE

Read: Romans 5:1-11

The Spirit himself testifies with our spirit that we are God's children. v.16

Not long ago I visited the Empire State Building with a friend. The line looked short — just down the block and around the corner. Yet as we entered the building, we discovered the line of people stretching through the lobby, up the stairs, and into another room. Every new turn revealed more distance to go.

Attractions and theme parks carefully route their crowds to make the lines seem shorter. Yet disappointment can lurk "just around the bend."

Sometimes life's disappointments are much more severe. The job we hoped for doesn't materialize; friends we counted on let us down; the romantic relationship we longed for fails to work out. But into these heartbreaks, God's Word speaks a refreshing truth about our hope in Him. The apostle Paul wrote, "Suffering produces perseverance; perseverance, character; and character, hope. And hope does not put us to shame [or disappoint us], because God's love has been poured out into our hearts through the Holy Spirit, who has been given to us" (ROMANS 5:3-5).

As we place our trust in Him, through His Spirit, God whispers the truth that we are unconditionally loved and will one day be with Him — regardless of the obstacles we face. In a world that may often disappoint us, how good it is to know that God gives genuine hope. JBB

In Christ, the hopeless find hope.

DIA 14

A ÚLTIMA PALAVRA

Leitura: Eclesiastes 5:1-7

Não te precipites com a tua boca, nem o teu coração se apresse a pronunciar palavra alguma... v.2

Certo dia, durante uma aula de filosofia na universidade, um estudante fez algumas observações inflamadas sobre as opiniões do professor. Para a surpresa dos outros alunos, o professor agradeceu e passou para outro tópico. Quando lhe perguntaram mais tarde por que ele não respondeu ao aluno, ele disse: "Estou praticando a disciplina de não ter que proferir a última palavra".

O professor amou e honrou a Deus e quis demonstrar um espírito humilde, refletindo tal amor. Suas palavras me lembram de outro sábio — que viveu há muito tempo e escreveu o livro de Eclesiastes. Embora ele não tenha abordado como lidar com uma pessoa irritada, disse que, quando nos aproximamos do Senhor, devemos guardar os nossos pés e ouvir "com atenção" ao invés de sermos rápidos com a nossa boca e apressados em nosso coração. Ao fazer isso, reconhecemos que Deus é o Senhor e que nós fomos criados por Ele (ECLESIASTES 5:1,2).

Como você se aproxima de Deus? Se a sua atitude pode melhorar, por que não investir alguns momentos para considerar sobre a majestade e a grandeza do Senhor? Quando refletimos sobre a Sua infinita sabedoria, poder e presença, podemos nos maravilhar com o Seu transbordante amor por nós. Com esta postura humilde, também não precisaremos ter a última palavra. ABP

Senhor, quero te honrar e curvo-me diante de ti.
Ensina-me a orar e a ouvir-te.

As palavras cuidadosamente escolhidas honram a Deus.

THE LAST WORD

Read: Ecclesiastes 5:1-7

Do not be quick with your mouth, do not be hasty in your heart. v.2

One day during a university philosophy class, a student made some inflammatory remarks about the professor's views. To the surprise of the other students, the teacher thanked him and moved on to another comment. When he was asked later why he didn't respond to the student, he said, "I'm practicing the discipline of not having to have the last word."

This teacher loved and honored God, and he wanted to embody a humble spirit as he reflected this love. His words remind me of another Teacher — this one from long ago, who wrote the book of Ecclesiastes. Although not addressing how to handle an angry person, he said that when we approach the Lord we should guard our steps and "go near to listen" rather than being quick with our mouths and hasty in our hearts. By doing so we acknowledge that God is the Lord and we are those whom He has created (ECCLESIASTES 5:1,2).

How do you approach God? If you sense that your attitude could use some adjustment, why not spend some time considering the majesty and greatness of the Lord? When we ponder His unending wisdom, power, and presence, we can feel awed by His overflowing love for us. With this posture of humility, we too need not have the last word. *ABP*

Lord God, I want to honor You and I bow before You now in silence. Teach me how to pray and how to listen.

Carefully chosen words honor God.

DIA **15**

COMO MUDAR UMA VIDA

Leitura: Provérbios 15:4; 16:24; 18:21

Palavras bondosas são como mel: doces para a alma e saudáveis para o corpo. v.4

Às vezes, a nossa vida pode mudar de repente pelo impacto de outros. O trabalho de músicos ajudou Bruce Springsteen em sua infância difícil e sua luta contra a depressão. Ele descobriu a importância de sua obra por experiência própria: "É possível mudar a vida de alguém em 3 minutos com a canção certa".

De igual modo, as palavras podem nos dar esperança e até mudar o curso de nossa vida. Com certeza, a maioria de nós poderia relatar uma conversa que impactou para sempre sua vida — palavras de um professor que mudaram nossa visão de mundo; de encorajamento que restituíram nossa confiança; palavras bondosas de um amigo que nos ajudou num momento difícil.

Talvez seja por isso que o livro de Provérbios enfatize a responsabilidade de valorizar e usar as palavras sabiamente. As Escrituras nunca tratam o discurso como "só conversa". E aprendemos que as palavras podem ter consequências de vida ou de morte (18:21). Com poucas palavras, podemos arrasar ou nutrir e fortalecer alguém (15:4).

Nem todos têm o dom de compor músicas, mas podemos buscar a sabedoria de Deus para servir com o nosso discurso (SALMO 141:3). Com apenas poucas e bem escolhidas palavras, Deus pode nos usar para transformar uma vida. MRB

Senhor, ajuda-nos a não subestimarmos o dom da linguagem.
Que possamos usar nossas palavras sabiamente
para curar e fortalecer outros,
e para demonstrarmos a esperança que temos em ti.

**Deus nos deu o poder de impactar vidas
por meio de nossas palavras.**

HOW TO CHANGE A LIFE

Read: Proverbs 15:4; 16:24; 18:21

Gracious words are a honeycomb, sweet to the soul and healing to the bones. v.24

Sometimes our lives can change in a moment through the powerful impact of others. For rock 'n' roll legend Bruce Springsteen, it was the work of musical artists that helped him through a difficult childhood and a persistent struggle with depression. He found meaning in his own work through the truth he'd experienced firsthand, that "You can change someone's life in three minutes with the right song."

Like a compelling song, others' well-chosen words can also give us hope, even change the course of our lives. I'm sure most of us could share stories of a conversation that forever impacted our lives — words from a teacher that changed the way we saw the world, words of encouragement that restored our confidence, gentle words from a friend that carried us through a difficult time.

Perhaps this is why the book of Proverbs spends so much time emphasizing our responsibility to treasure words and use them wisely. Scripture never treats speech as if it's "just talk." Instead, we are taught that our words can have life-or-death consequences (18:21). In just a few words we could crush someone's spirit, or, through words of wisdom and hope, nourish and strengthen others (15:4).

Not all of us have the ability to create powerful music. But we each can seek God's wisdom to serve others through our speech (PSALM 141:3). With just a few well-chosen words, God can use us to change a life. *MRB*

Lord, help us never to take for granted the powerful gift of language. May we use our words wisely to heal and strengthen others and point to the hope we have in You.

God has given us the power to have an impact on lives through our words.

DIA 16

REMOVENDO A NUVEM

Leitura: Isaías 25:1-9

Ali removerá a nuvem de tristeza, a sombra escura que cobre toda a terra. v.7

Um **acidente** de carro devastou Mary Ann Franco. Embora ela tenha sobrevivido, os ferimentos a deixaram cega. Ela via apenas escuridão. Passados 21 anos, ela feriu-se numa queda. Ao acordar da cirurgia (que não era dos olhos), a visão dela voltou milagrosamente! Pela primeira vez em mais de duas décadas, Mary viu o rosto da sua filha. O neurocirurgião insistiu em que não havia explicação científica para sua visão restaurada. A escuridão que parecia definitiva deu lugar à beleza e luz.

As Escrituras, assim como a nossa experiência, dizem-nos que uma mortalha de ignorância e mal cobre o mundo, cegando a todos nós para o amor de Deus (v.7). Egoísmo e ganância, nossa autossuficiência, nosso desejo por poder ou imagem, todas essas compulsões obscurecem a nossa visão, tornando-nos incapazes de ver claramente o Deus que faz "coisas maravilhosas" (v.1).

A Bíblia (ARA) chama essa nuvem: "a coberta que envolve a todos". Se somos deixados por nossa conta, experimentamos apenas escuridão, confusão e desespero. Muitas vezes nos sentimos aprisionados tateando e tropeçando, incapazes de ver o caminho à nossa frente. Felizmente, Isaías afirma que Deus "removerá a nuvem de tristeza, a sombra escura que cobre toda a terra" (v.7).

Deus não nos deixará sem esperança. Seu amor radiante remove o que nos cega, surpreendendo-nos com a bela visão de uma vida maravilhosa e graça abundante. *WC*

Deus, a escuridão está em todo lugar.
É tão difícil ver a Tua verdade e amor,
mas confio somente em ti.

DESTROYING THE SHROUD

Read: Isaiah 25:1-9

[God] will destroy the shroud that enfolds all peoples. v.7

A **brutal car** wreck devastated Mary Ann Franco. Though she survived, the injuries left her completely blind. "All I could see was blackness," Franco explained. Twenty-one years later, she injured her back in a fall. After waking from surgery (which had nothing to do with her eyes), miraculously, her sight had returned! For the first time in more than two decades, Franco saw her daughter's face. The neurosurgeon insisted there was no scientific explanation for her restored vision. The darkness that seemed so final gave way to beauty and light.

The Scriptures, as well as our experience, tell us that a shroud of ignorance and evil covers the world, blinding all of us to God's love (ISAIAH 25:7). Selfishness and greed, our self-sufficiency, our lust for power or image — all these compulsions obscure our vision, making us unable to clearly see the God who "in perfect faithfulness [has] done wonderful things" (v.1).

One translation calls this blinding shroud a "cloud of gloom" (NLT). Left to ourselves, we experience only darkness, confusion, and despair. We often feel trapped — groping and stumbling, unable to see our way forward. Thankfully, Isaiah promises that God will ultimately "destroy the shroud that enfolds all peoples" (v.7)

God will not leave us hopeless. His radiant love removes whatever blinds us, surprising us with a beautiful vision of a good life and abundant grace. *WC*

God, the gloom is everywhere these days.
It's so difficult to see Your truth and love. Will You help me?
I'm hopeless without You.

DIA **17**

DOCE E AMARGO

Leitura: Salmo 119:65-72

Tu és bom e fazes somente o bem; ensina-me teus decretos. v.68

Algumas pessoas gostam de chocolate amargo e outras preferem o doce. Os antigos Maias da América Central gostavam de beber chocolate e o temperavam com pimenta. Gostavam dessa "água amarga", como chamavam. Muitos anos mais tarde, o chocolate foi introduzido na Espanha, mas os espanhóis preferiram o doce, então acrescentaram açúcar e mel para neutralizar o amargor natural.

Como o sabor do chocolate, os dias podem ser amargos ou doces. Um monge francês do século 17, chamado Irmão Lawrence, escreveu: "Se soubéssemos o quanto Deus nos ama, estaríamos sempre prontos a receber de Sua mão, igualmente, o doce e o amargo". Aceitar igualmente o doce e o amargo? É difícil! Sobre o que o Irmão Lawrence estava falando? A chave está nos atributos de Deus. O salmista disse "Tu és bom e fazes somente o bem; ensina-me teus decretos" (v.68).

Os Maias também valorizavam o chocolate amargo por suas propriedades medicinais. Os dias amargos também têm o seu valor. Eles nos tornam cientes de nossas fraquezas e nos ajudam a depender mais de Deus. O salmista escreveu: "O sofrimento foi bom para mim, pois me ensinou a dar atenção a teus decretos" (v.71). Hoje, abracemos a vida com seus diferentes sabores — seguros da bondade de Deus. Que possamos dizer: "Muitas coisas boas me tens feito, Senhor, como prometeste" (v.65).   KOH

Pai, ajuda-me a ver a Tua bondade,
mesmo em momentos de provação.

Deus é bom em todo o tempo!

SWEET AND BITTER

Read: Psalm 119:65-72

You are good, and what you do is good. v.68

Some people like bitter chocolate and some prefer sweet. Ancient Mayans in Central America enjoyed chocolate as a beverage and seasoned it with chili peppers. They liked this "bitter water," as they called it. Many years later it was introduced in Spain, but the Spaniards preferred chocolate sweet, so they added sugar and honey to counteract its natural bitterness.

Like chocolate, days can be bitter or sweet as well. A seventeenth-century French monk named Brother Lawrence wrote, "If we knew how much [God] loves us, we would always be ready to receive equally [...] from His hand the sweet and the bitter." Accept the sweet and the bitter equally? This is difficult! What is Brother Lawrence talking about? The key lies in God's character. The psalmist said of God, "You are good, and what you do is good" (PSALM 119:68).

Mayans also valued bitter chocolate for its healing and medicinal properties. Bitter days have value too. They make us aware of our weaknesses and they help us depend more on God. The psalmist wrote, "It was good for me to be afflicted so that I might learn your decrees" (v.71). Let us embrace life today, with its different flavors—reassured of God's goodness. Let us say, "You have done many good things for me, LORD, just as you promised" (v.65 NLT).

KOH

*Father, help me to see Your goodness
even in times of trouble.*

God is good.

DIA 18

UMA ÂNCORA EM MEIO AOS TEMORES

Leitura: Isaías 51:12-16

Sim, sou eu quem os consola... v.12

Você é alguém que se preocupa? Eu sou, e luto com a ansiedade quase diariamente. Preocupo-me com coisas grandes, pequenas; e às vezes parece que com tudo. Na adolescência, chamei a polícia quando os meus *pais* se atrasaram por quatro horas.

As Escrituras repetidamente dizem para não temermos. Por causa da bondade e poder de Deus, e por Ele ter enviado Jesus para morrer por nós e Seu Santo Espírito para nos guiar, os temores não devem dirigir a nossa vida. Deus prometeu estar conosco em meio a todas as circunstâncias.

O texto em Isaías 51:12-16 tem me ajudado muito. Deus lembrou ao Seu povo, que tinha enfrentado sofrimento tremendo, que Ele ainda estava com eles, e que Sua presença consoladora é a verdade principal. Não importa o quão ruins as coisas possam parecer: "Sim, sou eu quem os consola..." o Senhor disse através do profeta (v.12).

Amo essa promessa. Essas palavras têm sido âncora emocional para minha alma. Agarro-me a ela sempre que a vida parece esmagadora, quando meu "medo de opressores humanos" (v.13) é aterrador. Através deste texto, Deus me lembra de tirar o olhar de meus temores e, em fé e dependência, olhar para Aquele que "estendeu os céus" (v.13), e que promete nos consolar. ARH

Senhor, às vezes as lutas parecem enormes, porém,
tu és maior. Ajuda-nos a nos firmarmos
em Tua promessa de consolo, e a experimentarmos
a Tua provisão quando confiamos em ti.

A presença consoladora de Deus
é mais poderosa do que os nossos medos.

AN ANCHOR WHEN WE'RE AFRAID

Read: Isaiah 51:12-16

I, even I, am he who comforts you. v.12

Are you a worrier? I am. I wrestle with anxiety almost daily. I worry about big things. I worry about small things. Sometimes, it seems like I worry about everything. Once in my teens, I called the police when my *parents* were four hours late getting home.

Scripture repeatedly tells us not to be afraid. Because of God's goodness and power, and because He sent Jesus to die for us and His Holy Spirit to guide us, our fears don't have to rule our lives. We may well face hard things, but God has promised to be with us through it all.

One passage that has helped me profoundly in fearful moments is Isaiah 51:12-16. Here, God reminded His people, who had endured tremendous suffering, that He was still with them, and that His comforting presence is the ultimate reality. No matter how bad things may seem: "I, even I, am he who comforts you," He told them through the prophet Isaiah (v.12).

I *love* that promise. Those eight words have been an emotion-steadying anchor for my soul. I've clung to this promise repeatedly when life has felt overwhelming, when my own "constant terror" (v.13) has felt oppressive. Through this passage, God reminds me to lift my eyes from my fears and in faith and dependence to look to the One who "stretches out the heavens" (v.13) —the One who promises to comfort us.   ARH

Lord, sometimes the struggles we face in life seem so big.
But You are bigger. Help us to cling
to Your promise of comfort in fearful moments
and to experience Your loving provision as we trust You.

God's comforting presence is more powerful than our fears.

DIA 19

LUZ GUIA

Leitura: Gênesis 1:1-5

Deus disse: "Haja luz", e houve luz. v.3

O restaurante era adorável, mas escuro. Apenas uma pequena vela tremeluzia em todas as mesas. Para enxergarem melhor, os clientes usavam os smartphones para ler seus menus, olhar para os colegas de mesa e até mesmo para ver o que estavam comendo. Finalmente, um cliente empurrou a cadeira silenciosamente, aproximou-se de um garçom e fez-lhe um pedido simples: "Você poderia acender as luzes?". Em pouco tempo, acenderam-se as luzes e os fregueses explodiram em aplausos, com risos, conversas alegres e agradecimentos. O marido da minha amiga desligou o telefone, pegou os talheres e falou por todos nós: "Que haja luz! E agora vamos comer!".

Nossa noite obscura se tornara festiva com o toque de um interruptor. Mas quanto mais importante é conhecer a fonte genuína da verdadeira luz. O próprio Deus falou as palavras surpreendentes: "Haja luz", no primeiro dia em que Ele criou o Universo "e houve luz" (v.3). "E Deus viu que a luz era boa" (v.4).

A luz expressa o grande amor de Deus por nós. A Sua luz nos direciona a Jesus, "a luz do mundo" (JOÃO 8:12), que nos afasta da obscuridade do pecado. Andando em Sua luz, encontramos o caminho claro para a vida que glorifica o Filho. Ele é o presente mais reluzente do mundo. À medida que Ele brilha, andemos em Seu caminho. *PR*

Em que situação você precisa da luz de Jesus para brilhar? Quando a Sua luz o guiou?

Senhor, agradecemos-te por Jesus, a Luz do Mundo, e por Teu grande amor e luz que nos orienta.

GUIDING LIGHT

Read: Genesis 1:1-5

God said, "Let there be light," and there was light. v.3

The restaurant was lovely but dark. Only one small candle flickered on every table. To create light, diners used their smartphones to read their menus, look to their tablemates, and even to see what they were eating.

Finally, a patron quietly pushed back his chair, walked over to a waiter, and asked a simple question. "Could you turn on the lights?" Before long, a warm ceiling light flashed on and the room erupted with applause. But also with laughter. And happy chatter. And thank-yous. My friend's husband turned off his phone, picked up his utensils, and spoke for us all. "Let there be light! Now, let's eat!"

Our gloomy evening turned festive with the flick of a switch. But how much more important to know the real source of true light. God Himself spoke those astonishing words, "Let there be light," on the first day when He created the universe, "and there was light" (GENESIS 1:3). Then "God saw that the light was good" (v.4).

Light expresses God's great love for us. His light points us to Jesus, "the light of the world" (JOHN 8:12), who guides us from the gloom of sin. Walking in His light, we find the bright path to a life that glorifies the Son. He is the world's brightest gift. As He shines, may we walk His way.   *PR*

In what situation do you need Christ's light to shine? When has His light guided you?

Loving God, we thank You for Jesus, the Light of the World, and the guiding light of His great love.

DIA **20**

SUSSURRANDO PALAVRAS

Leitura: Efésios 4:22-32

...Que todas as suas palavras sejam boas e úteis, a fim de dar ânimo àqueles que as ouvirem. v.29

O jovem se ajeitava ao sentar-se para o voo. Seus olhos percorriam as janelas da aeronave. Depois os fechou e respirou profundamente, tentando se acalmar — mas não funcionou. O avião decolou e, lentamente, ele começou a chacoalhar. Uma senhora, do outro lado do corredor, colocou a mão em seu braço e, gentilmente, começou a conversar para desviar-lhe a atenção do estresse. "Como se chama?", "De onde você é?", "Vamos ficar bem," e "Você está se saindo bem," foram algumas das frases que sussurrou. Ela poderia ter se irritado com ele ou o ignorado. Mas escolheu um toque e algumas palavras. Pequenos gestos. Ao aterrissarem três horas mais tarde, ele lhe disse: "Muito obrigado por me ajudar".

Cenas de gentileza como essa podem ser difíceis de se ver. Para muitos, a bondade não vem naturalmente; nossa principal preocupação normalmente é conosco mesmo. Mas, quando o apóstolo Paulo exortou: "sejam bondosos e tenham compaixão uns dos outros..." (v.32), não estava dizendo que tudo depende de nós. Depois de recebermos uma nova vida pela fé em Jesus, o Espírito começa uma transformação. A bondade é o trabalho do Espírito renovando os nossos pensamentos e ações (v.23).

O Deus de compaixão está trabalhando em nosso coração, nos permitindo tocar a vida de outros abordando-os e sussurrando palavras de encorajamento.   AMC

Senhor, usa-me hoje para levar esperança,
um fardo mais leve e encorajamento a alguém.

Compaixão é entender os problemas dos outros
e estender-lhes a mão.

WHISPERING WORDS

Read: Ephesians 4:22-32

[Build] others up according to their needs. v.29

The young man fidgeted as he sat down for his flight. His eyes darted back and forth to the aircraft windows. Then he closed his eyes and breathed deeply, trying to calm himself—but it didn't work. As the plane took off, he slowly rocked back and forth. An older woman across the aisle from him put her hand on his arm and gently engaged him in conversation to divert his attention from his stress. "What's your name?" "Where are you from?" "We're going to be okay," and "You're doing well" were a few things she whispered. She could have been irritated with him or ignored him. But she chose a touch and a few words. Little things. When they landed three hours later, he said, "Thank you so much for helping me."

Such beautiful pictures of tenderheartedness can be hard to find. Kindness does not come naturally to many of us; our primary concern is often ourselves. But when the apostle Paul urged, "Be kind and compassionate to one another" (EPHESIANS 4:32), he was not saying it all depends on us. After we've been given a new life by our faith in Jesus, the Spirit begins a transformation. Kindness is the ongoing work of the Spirit renewing our thoughts and attitudes (v.23).

The God of compassion is at work in our hearts, allowing us in turn to touch others' lives by reaching out and whispering words of encouragement. AMC

*Lord, use me today to bring someone hope,
a lighter burden, encouragement.*

**Compassion is understanding the troubles
of others and reaching out.**

DIA 21

AFIVELADOS

Leitura: Hebreus 4:11-16

...aproximemo-nos com toda confiança do trono da graça, onde receberemos misericórdia e encontraremos graça... v.16

O **comandante acionou** o aviso para apertar os cintos e disse: "Estamos entrando em zona de turbulência. Por favor, retornem aos assentos e afivelem os cintos". Os comissários de bordo dão esse alerta porque, em zonas de turbulência, os passageiros podem se ferir. Atados aos assentos, passam pela turbulência com segurança.

Na maioria das vezes, a vida não dá alertas para as inquietações que vêm em nossa direção. Mas o nosso amoroso Pai conhece nossas lutas, preocupa-se e nos convida a entregar-lhe as nossas ansiedades, dores e medos. As Escrituras dizem: "Nosso Sumo Sacerdote entende nossas fraquezas, pois enfrentou as mesmas tentações que nós, mas nunca pecou. Assim, aproximemo-nos com toda confiança do trono da graça, onde receberemos misericórdia e encontraremos graça para nos ajudar quando for preciso" (vv.15,16).

Em tempos de turbulência, o melhor a fazer é irmos ao Pai em oração. A frase "graça para nos ajudar quando for preciso" significa que, em Sua presença, podemos estar "afivelados" em paz em tempos ameaçadores, porque levamos nossas preocupações Àquele que é maior do que tudo! Quando a vida parece opressiva, podemos orar. Ele pode nos ajudar em meio à turbulência. WEC

Pai, às vezes a vida é assoladora. Ajuda-me a confiar em ti em todos os momentos turbulentos, sabendo que te importas profundamente comigo.

Não podemos prever as provações, mas podemos orar ao nosso Pai, que nos compreende.

BUCKLING UP!

Read: Hebrews 4:11-16

Let us then approach God's throne of grace with confidence, so that we may receive mercy and find grace to help us in our time of need. v.16

"The captain has turned on the seat belt sign, indicating that we are entering an area of turbulence. Please return to your seats immediately and securely fasten your seat belt." Flight attendants give that warning when necessary because in rough air, unbuckled passengers can be injured. Secured in their seats, they can safely ride out the turbulence.

Most of the time, life doesn't warn us of the unsettling experiences coming our way. But our loving Father knows and cares about our struggles, and He invites us to bring our cares, hurts, and fears to Him. The Scriptures tell us, "This High Priest of ours understands our weaknesses, for he faced all of the same testings we do, yet he did not sin. So let us come boldly to the throne of our gracious God. There we will receive his mercy, and we will find grace to help us when we need it most" (HEBREWS 4:15,16 NLT).

In seasons of turbulence, going to our Father in prayer is the best thing we can do. The phrase "grace to help us when we need it" — means that in His presence we can be "buckled" in peace during threatening times, because we bring our concerns to the One who is greater than all! When life feels overwhelming, we can pray. He can help us through the turbulence. *WEC*

Dear Father, sometimes life is overwhelming.
Help me to trust You with all the turbulent moments of life,
knowing how deeply You care for my life.

Although we cannot anticipate the trials of life, we can pray to our Father who fully understands what we face.

DIA **22**

A LIBERTAÇÃO DO MEDO

Leitura: Marcos 6:45-53

"Não tenham medo! Coragem, sou eu!" v.50

Nosso corpo reage aos nossos sentimentos de ameaça e medo. Uma pontada no estômago e o palpitar do coração enquanto tentamos respirar assinalam a ansiedade. Nossa natureza física não nos deixa ignorar essas sensações de inquietação.

Os discípulos sentiram ondas de medo na noite após Jesus realizar o milagre de alimentar mais de 5.000 pessoas. O Senhor os tinha mandado seguir para Betsaida na frente, para poder ficar sozinho para orar. Durante a noite, estavam remando contra o vento quando, subitamente, viram Jesus andar sobre as águas. Pensando que era um fantasma, ficaram aterrorizados (vv.49,50).

Mas Jesus os tranquilizou, dizendo-lhes para não temerem e terem coragem. Quando Jesus entrou no barco, o vento se acalmou e todos chegaram à margem. Imagino que o sentimento de pavor deles se acalmou quando sentiram a paz que Jesus lhes trouxera.

Quando perdemos o ar por causa da ansiedade, podemos descansar tranquilos no poder de Jesus. Acalmando as nossas ondas ou nos fortalecendo para enfrentá-las, Ele nos dará o dom de Sua paz que "excede todo o entendimento" (FILIPENSES 4:7). E, quando Jesus nos liberta de nossos medos, nosso espírito e corpo podem voltar ao estado de descanso. ABP

Senhor Jesus Cristo, ajuda-me quando o medo
parece envolver-me completamente.
Liberta-me de meus temores e concede-me a Tua paz.

O Senhor nos liberta do medo.

THE RELEASE OF FEAR

Read: Mark 6:45-53

Take courage! It is I. Don't be afraid. v.50

Our bodies react to our feelings of dread and fear. A weight in the pit of our stomachs, along with our hearts pounding as we gulp for breath, signal our sense of anxiety. Our physical nature keeps us from ignoring these feelings of unease.

The disciples felt shockwaves of fear one night after Jesus had performed the miracle of feeding more than five thousand people. The Lord had sent them ahead to Bethsaida so He could be alone to pray. During the night, they were rowing against the wind when suddenly they saw Him walking on the water. Thinking He was a ghost, they were terrified (MARK 6:49,50).

But Jesus reassured them, telling them not to be afraid and to take courage. As He entered their vessel, the wind died down and they made it to the shore. I imagine that their feelings of dread calmed as they embraced the peace He bestowed.

When we're feeling breathless with anxiety, we can rest assured in Jesus's power. Whether He calms our waves or strengthens us to face them, He will give us the gift of His peace that "transcends all understanding" (PHILIPPIANS 4:7). And as He releases us from our fears, our spirits and our bodies can return to a state of rest.

ABP

> *Lord Jesus Christ, help me when the dread*
> *seems to cling to me. Release me*
> *from my fears and give me Your peace.*

The Lord releases us from fear.

DIA **23**

O PROBLEMA COM O ORGULHO

Leitura: Provérbios 16:16-22

O orgulho precede a destruição; a arrogância precede a queda. v.18

As pessoas que alcançam grande fama ou reputação em vida costumam ser chamadas de "lendas de seu tempo". Um amigo que jogou beisebol profissional diz que, no mundo dos esportes, conheceu muitos que eram apenas "lendas em sua própria mente". O orgulho tem a capacidade de alterar como nos vemos a nós mesmos, enquanto a humildade nos oferece uma perspectiva realista.

O escritor de Provérbios disse: "O orgulho precede a destruição; a arrogância precede a queda" (16:18). O espelho da presunção reflete uma imagem distorcida. A autoexaltação nos posiciona para a queda.

O antídoto ao veneno da arrogância é a humildade verdadeira que vem de Deus. "É melhor viver humildemente com os pobres que repartir o despojo com os orgulhosos" (v.19).

Então Jesus os reuniu e disse: "...Quem quiser ser o líder entre vocês, que seja servo, e quem quiser ser o primeiro entre vocês, que se torne escravo. Pois nem mesmo o Filho do Homem veio para ser servido, mas para servir e dar sua vida em resgate por muitos" (MATEUS 20:26-28).

Não há nada de errado em receber elogios por conquistas e sucesso. O desafio é manter a atenção naquele que nos chama a segui-lo dizendo: "...sou manso e humilde de coração, e encontrarão descanso para a alma" (11:29). DCM

Senhor Jesus, dá-nos a Tua humildade
ao interagirmos com os outros hoje. Que possamos honrar-te
em tudo o que fizermos e dissermos.

A verdadeira humildade vem de Deus.

THE PROBLEM WITH PRIDE

Read: Proverbs 16:16-22

Pride goes before destruction, a haughty spirit before a fall. v.18

People who achieve an extraordinary level of fame or reputation while they are still alive are often called "a legend in their own time." A friend who played professional baseball says he met many people in the world of sports who were only "a legend in their own mind." Pride has a way of distorting how we see ourselves while humility offers a realistic perspective.

The writer of Proverbs said, "Pride goes before destruction, a haughty spirit before a fall" (16:18). Viewing ourselves in the mirror of self-importance reflects a distorted image. Self-elevation positions us for a fall.

The antidote to the poison of arrogance is true humility that comes from God. "Better to be lowly in spirit along with the oppressed than to share plunder with the proud" (v.19).

Jesus told His disciples, "Whoever wants to become great among you must be your servant, and whoever wants to be first must be your slave — just as the Son of Man did not come to be served, but to serve, and to give his life as a ransom for many" (MATTHEW 20:26-28).

There is nothing wrong with receiving accolades for achievement and success. The challenge is to stay focused on the One who calls us to follow Him saying, "for I am gentle and humble in heart, and you will find rest for your souls" (11:29).   DCM

Lord Jesus, give us Your humility as we interact with others today. May we honor You in all we do and say.

True humility comes from God.

DIA 24

AMIGOS IMPROVÁVEIS

Leitura: Isaías 11:1-10

...o lobo viverá com o cordeiro, [...] e o leopardo se deitará junto ao cabrito... v.6

Meus amigos do *Facebook* postam vídeos de amizades improváveis entre os animais, como o de um cão e um porco que são inseparáveis, de um cervo e um gato ou ainda de um orangotango fêmea cuidando de filhotes de tigre.

Ao ver essas amizades incomuns, lembro-me da descrição do jardim do Éden. Lá, Adão e Eva viviam em harmonia com Deus e entre si. E, como Deus lhes deu plantas para alimento, imagino que até os animais viviam em paz (GÊNESIS 1:30). Mas essa cena idílica foi corrompida quando Adão e Eva pecaram (3:21-23). Agora, vemos luta e conflito constante nas relações humanas e na criação.

Ainda assim, o profeta Isaías garante que um dia: "...o lobo viverá com o cordeiro, [...] e o leopardo se deitará junto ao cabrito..." (v.6). Muitos interpretam que esse dia futuro será quando Jesus voltar para reinar, pois não haverá mais divisões "e não haverá mais morte, nem tristeza, nem choro, nem dor. Todas essas coisas passaram para sempre" (APOCALIPSE 21:4). Nesta Terra renovada, a criação será restaurada à harmonia inicial, e as pessoas de cada tribo, nação e língua, se juntarão para adorar a Deus (7:9,10; 22:1-5).

Até lá, Deus pode nos ajudar a restaurar os relacionamentos destruídos e a desenvolver novas e improváveis amizades. ADK

Querido Pai, ajuda-nos a derrubar as barreiras e a sermos amigos dos outros; e, à medida que o fizermos, capacita-nos para sermos portadores do evangelho da paz.

Um dia, Deus restaurará o mundo à paz perfeita.

UNLIKELY FRIENDS

Read: Isaiah 11:1-10

The wolf will live with the lamb, the leopard will lie down with the goat, the calf and the lion and the yearling together. v.6

My **Facebook** friends often post endearing videos of unlikely animal friendships, such as a recent video I watched of an inseparable pup and pig, another of a deer and cat, and yet another of an orangutan mothering several tiger cubs.

When I view such heartwarmingly unusual friendships, it reminds me of the description of the garden of Eden. In this setting, Adam and Eve lived in harmony with God and each other. And because God gave them plants for food, I imagine even the animals lived peacefully together (GENESIS 1:30). But this idyllic scene was disrupted when Adam and Eve sinned (3:21-23). Now in both human relationships and the creation, we see constant struggle and conflict.

Yet the prophet Isaiah reassures us that one day, "The wolf will live with the lamb, the leopard will lie down with the goat, the calf and the lion and the yearling together" (11:6). Many interpret that future day as when Jesus comes again to reign. When He returns, there will be no more divisions and "no more death ... or pain, for the old order of things has passed away" (REVELATION 21:4). On that renewed earth, creation will be restored to its former harmony and people of every tribe, nation, and language will join together to worship God (7:9-10; 22:1-5).

Until then, God can help us to restore broken relationships and to develop new, unlikely friendships. ADK

*Dear Father, help us to break down barriers and to
seek to befriend others; and as we do,
enable us to be bearers of the gospel of peace.*

One day God will restore the world to perfect peace.

DIA 25

VIDA ALÉM DA COMPARAÇÃO

Leitura: Gênesis 29:31-35

Lia engravidou mais uma vez e deu à luz outro filho. [...] disse: "Agora louvarei ao SENHOR!"... v.35

Num programa de TV, jovens que representavam adolescentes descobriram que as redes sociais desempenham um papel fundamental na maneira como eles determinam o valor próprio. Um deles observou: "O valor próprio [dos alunos] está atrelado às redes sociais — depende de quantas *curtidas* eles conseguem numa foto". Essa necessidade de aceitação pode levar a comportamentos *online* extremos.

O anseio por ser aceito sempre existiu. Em Gênesis 29, Lia anseia pelo amor do marido, Jacó, o que se reflete nos nomes dos primeiros três filhos — todos manifestando sua solidão (v.31-34). Infelizmente, não há indicação de que Jacó lhe tenha dado a aceitação desejada.

Com o nascimento do quarto filho, Lia voltou-se para Deus, dando-lhe o nome de Judá, que significa "louvor" (v.35). Pelo que parece, ela encontrou sua importância em Deus e tornou-se parte da história da salvação divina: Judá foi o ancestral do rei Davi e, depois, de Jesus.

Podemos tentar encontrar nossa relevância em muitas coisas, mas só em Jesus encontramos a nossa identidade como filhos de Deus, co-herdeiros de Cristo e pessoas que viverão para sempre com o Pai celestial. Como Paulo escreveu, nada neste mundo se compara "ao ganho inestimável de conhecer a Cristo Jesus" (FILIPENSES 3:8). *PC*

Pai, apenas no Senhor eu encontro a minha verdadeira identidade e a vida além das comparações!

LIFE BEYOND COMPARE

Read: Genesis 29:31-35

She conceived again, and when she gave birth to a son she said, "This time I will praise the LORD." v.35

In a TV program, young adults posed as high school students to better understand the lives of teenagers. They discovered that social media plays a central role in how teens measure their self-worth. One participant observed, "[The students'] self-value is attached to social media — bit's dependent on how many 'likes' they get on a photo." This need for acceptance by others can drive young people to extreme behavior online.

The longing for being accepted by others has always been there. In Genesis 29, Leah understandably yearns for the love of her husband Jacob. It's reflected in the names of her first three sons — all capturing her loneliness (vv.31-34). But, sadly, there's no indication that Jacob ever gave her the acceptance she craved.

With the birth of her fourth child, Leah turned to God instead of her husband, naming her fourth son Judah, which means, "praise" (v.35). Leah, it seems, finally chose to find her significance in God. She became part of God's salvation story: Judah was the ancestor of King David and, later, Jesus.

We can try to find our significance in many ways and things, but only in Jesus do we find our identity as children of God, co-heirs with Christ, and those who will dwell eternally with our heavenly Father. As Paul wrote, nothing in this world compares with the "surpassing worth of knowing Christ" (PHILIPPIANS 3:8). PC

*Heavenly Father, help me find my value
in You and not in others.
It's in You that I find my true identity
and life that's beyond compare!*

MINHA VERDADEIRA FACE

Leitura: 1 Timóteo 1:12-17

Agradeço àquele que me deu forças [...] que me considerou digno de confiança e me designou para servi-lo. v.12

Durante anos, a sensação de indignação e vergonha do meu passado pouco santo impactou negativamente todos os aspectos da minha vida. E se descobrissem as nódoas de minha reputação? Quando Deus me deu coragem para convidar uma líder de ministério para almoçar, lutei para *parecer* perfeita. Limpei a casa, preparei uma bela refeição e vesti minha melhor roupa.

Corri para desligar os irrigadores do jardim, mas ao torcer o bico da mangueira, ele se soltou e gritei quando um jato de água me ensopou. Com o cabelo na toalha e a maquiagem manchada, vesti um moletom e camiseta... em tempo de ouvir a campainha. Frustrada, contei tudo à minha nova amiga, que também falou sobre suas lutas com o medo e a insegurança que eram os resultados de suas falhas passadas. Depois de orarmos, ela me acolheu em sua equipe de servas imperfeitas de Deus.

Paulo aceitou sua nova vida em Cristo sem negar o passado nem permitir que isto o impedisse de servir o Senhor. Ele reconhecia que a obra de Jesus o salvara e o transformara, portanto, louvava a Deus e incentivava os outros a honrá-lo e obedecer-lhe (vv.12-17).

Quando aceitamos a graça e o perdão de Deus, somos libertos do passado. Falhos, mas amados, não temos por que nos envergonhar da nossa verdadeira face ao servi-lo com os dons que dele recebemos. *XED*

*Deus nos aceita como somos e nos transforma
à medida que o servimos em amor.*

MY REAL FACE

Read: 1 Timothy 1:12-17

I thank Christ Jesus our Lord, who has given me strength, that he considered me trustworthy, appointing me to his service. v.12

For years, feelings of unworthiness and shame over my less-than-godly past had an adverse impact on every aspect of my life. What if others discovered the extent of my blemished reputation? Though God helped me muster up courage to invite a ministry leader to lunch, I strived to seem perfect. I scrubbed my house spotless, whipped up a three-course meal, and donned my best jeans and blouse.

I rushed to turn off the front-yard sprinklers. Twisting the leaking nozzle, I screamed when a gush of water drenched me. With towel-dried hair and smeared makeup, I changed into dry sweat pants and a T-shirt... just in time to hear the doorbell. Frustrated, I confessed my morning's antics and motives. My new friend shared her own battles with fear and insecurity stemming from guilt over past failings. After we prayed, she welcomed me to her team of God's imperfect servants.

The apostle Paul accepted his new life in Christ, refusing to deny his past or let it stop him from serving the Lord (1 TIMOTHY 1:12-14). Because Paul knew Jesus's work on the cross saved and changed him — the worst of sinners — he praised God and encouraged others to honor and obey Him (vv.15-17).

When we accept God's grace and forgiveness, we're freed from our past. Flawed but fiercely loved, we have no reason to be ashamed of our real faces as we serve others with our God-given gifts.

XED

God accepts us as we are, and changes us as we serve Him in love.

DIA 27

PARE

Leitura: Salmo 46

Aquietem-se e saibam que eu sou Deus!... v.10

Minha amiga e eu nos sentamos na areia, à beira do bem-ritmado oceano. Conforme o sol se punha lá longe, uma onda atrás da outra se formava e então quebrava em direção aos nossos pés, parando cada vez mais próxima. "Amo o oceano", ela sorriu. "Ele se move, então eu não preciso mover-me."

Que pensamento! Tantos de nós lutamos para *parar*. Fazemos, fazemos, fazemos e vamos, vamos, vamos, de alguma forma temendo que, se cessarmos nossos esforços, deixaremos de existir. Ou que, ao pararmos, nos exporemos às realidades sempre presentes que batalhamos para manter distantes.

No Salmo 46:8,9, Deus flexiona os Seus onipotentes músculos, colocando Seu poder à mostra. "Vinde, contemplai as obras do Senhor, [...] Ele põe termo à guerra até aos confins do mundo, quebra o arco e despedaça a lança; queima os carros no fogo". Nosso Deus é um Deus ocupado, que age para criar calma em meio ao caos de nossos dias.

E então no versículo 10, lemos: "Aquietem-se e saibam que eu sou Deus!...".

É claro que é possível conhecer a Deus enquanto corremos de um lado para o outro. Mas o convite do salmista a cessar as lutas nos acena a um tipo diferente de conhecimento. Saber que podemos parar e continuar a ser porque Deus nunca para. E saber que é o poder de Deus que nos dá real valor, proteção e paz.   *ELM*

Querido Deus, ajuda-me a encontrar o meu descanso em ti.

**Descansamos bem quando estamos
nos amorosos braços e na perfeita vontade de Deus.**

STOP

Read: Psalm 46

Be still, and know that I am God. v.10

My friend and I sat in the sand, near the ever-rhythmic ocean. As the sun sank in the distance, wave after wave curled, paused and then rippled toward our extended toes, stopping just short each time. "I love the ocean," she smiled. "It moves so I don't have to."

What a thought! So many of us struggle to stop. We do, do, do and go, go, go, somehow afraid that if we cease our efforts we will cease to be. Or that by stopping we will expose ourselves to the ever-present realities we work to keep at bay.

In Psalm 46:8,9, God flexes His omnipotent muscles, putting His power on display. "Come and see what the Lord has done [...] He makes wars cease to the ends of the earth. He breaks the bow and shatters the spear; he burns the shields with fire." God is a busy God, who works to create calm within the chaos of our days.

And then in verse 10 we read, "Be still, and know that I am God."

Of course it's possible to know God while running here and there. But the psalmist's invitation to cease striving beckons us into a different kind of knowing. A knowing that we can stop — and still be — because God never stops. A knowing that it is God's power that gives us ultimate value, protection, and peace.

ELM

Dear God, help me to find my rest in You.

We rest well when we're in the loving arms and perfect will of God.

DIA **28**

LUZ DO MUNDO

Leitura: Apocalipse 3:14-22

Estou à porta e bato. Se você ouvir minha voz e abrir a porta, entrarei... v.20

Uma das minhas obras de arte prediletas está na capela de uma universidade inglesa. A pintura *A Luz do Mundo*, do artista inglês William Holman Hunt, mostra Jesus segurando uma lanterna e batendo à porta de uma casa.

Algo intrigante na pintura é a porta não ter maçaneta. Quando questionado sobre a falta dela para abrir a porta, Hunt explicou que queria representar a imagem de Apocalipse 3:20: "Estou à porta e bato. Se você ouvir minha voz e abrir a porta, entrarei...".

As palavras do apóstolo João e a pintura ilustram a bondade de Jesus. Ele bate gentilmente à porta de nossa alma com a Sua oferta de paz. Jesus espera pacientemente que o respondamos. Ele não abre essa porta, nem força a Sua entrada em nossa vida. Jesus não nos impõe a Sua vontade. Em vez disso, Ele oferece a todos o presente da salvação e Sua luz para nos guiar.

A qualquer um que abrir a porta, Ele promete entrar. Não há quaisquer outras condições ou pré-requisitos. Se ouvir a voz de Jesus e Seu suave bater à porta de sua alma, encoraje-se, saiba que Ele espera pacientemente e entrará se você o receber. LMS

*Senhor, obrigado pelo presente da salvação
e por Tua promessa de entrar quando abrimos a porta.
Por favor, ajuda-me a responder a esse chamado
e abrir hoje a porta para ti.*

Abra a porta para Jesus; Ele está esperando, pacientemente, por você.

LIGHT OF THE WORLD

Read: Revelation 3:14-22

Here I am! I stand at the door and knock. If anyone hears my voice and opens the door, I will come in. v.20

One of my favorite pieces of art hangs in the Keble College chapel in Oxford, England. The painting, *The Light of the World* by English artist William Holman Hunt, shows Jesus holding a lantern in His hand and knocking on a door to a home.

One of the intriguing aspects of the painting is that the door does not have a handle. When questioned about the lack of way to open the door, Hunt explained that he wanted to represent the imagery of Revelation 3:20, "Here I am! I stand at the door and knock. If anyone hears my voice and opens the door, I will come in...".

The apostle John's words and the painting illustrate the kindness of Jesus. He gently knocks on the door of our souls with His offer of peace. Jesus stands and patiently waits for us to respond. He does not open the door Himself and force His way into our lives. He does not impose His will on ours. Instead, He offers to all people the gift of salvation and light to guide us.

To anyone who opens the door, He promises to enter. There are no other requirements or prerequisites.

If you hear the voice of Jesus and His gentle knock on the door of your soul, be encouraged that He patiently waits for you and will enter if you welcome Him in. *LMS*

Lord, thank You for the gift of salvation
and Your promise to enter when we open the door.
Please help me to respond to this gift
and open the door for You today.

Open the door to Jesus; He is patiently waiting for you.

DIA 29

SÓ UM SEGUNDO

Leitura: Salmo 39:4-6

Mostra-me, Senhor, como é breve meu tempo [...] que meus dias estão contados e que minha vida é passageira. v.4

Os **cientistas** são bem exigentes com o tempo. Ao final de 2016, eles adicionaram um segundo extra ao ano. Então, se você achou que o ano se arrastou um pouco mais do que o normal, estava certo.

Por que eles fizeram isso? Porque como a rotação da Terra desacelera ao longo do tempo, os anos ficam um pouquinho mais longos. Quando cientistas rastreiam objetos lançados no espaço, precisam ter precisão de milissegundos. Segundo um desses cientistas, isso é "a fim de assegurar que os nossos programas para evitar as colisões sejam bem precisos".

Para a maioria de nós, um segundo a mais ou a menos faz muito pouca diferença. Ainda assim, segundo as Escrituras, como usamos nosso tempo é importante. A propósito, Paulo nos lembra em 1 Coríntios 7:29 que "o tempo que resta é muito curto". O tempo que temos para servir a Deus é limitado, então precisamos usá-lo com sabedoria. Ele nos incita a aproveitar "...ao máximo todas as oportunidades nestes dias maus" (EFÉSIOS 5:16).

Isto não significa que devemos contar cada segundo, como fazem os cientistas, mas que, ao considerarmos a natureza frágil da vida (SALMO 39:4), possamos ser lembrados da importância de investir o nosso tempo para Ele.   JDB

Senhor, obrigado por cada momento que nos dás.
Que possamos nos esforçar para honrar-te
com esse presente, usando o nosso tempo com sabedoria
para a Tua honra e glória.

Não desperdice o seu tempo – invista-o!

JUST A SECOND

Read: Psalm 39:4-6

How fleeting my life is. v.4

Scientists are pretty fussy about time. At the end of 2016, the folks at Goddard Space Flight Center in Maryland added an extra second to the year. So if you felt that year dragged on a bit longer than normal, you were right.

Why did they do that? Because the rotation of the earth slows down over time, the years get just a tiny bit longer. When scientists track manmade objects launched into space, they must have accuracy down to the millisecond. This is "to make sure our collision avoidance programs are accurate," according to one scientist.

For most of us, a second gained or lost doesn't make much difference. Yet according to Scripture, our time and how we use it is important. For instance, Paul reminded us in 1 Corinthians 7:29 that "time is short." The time we have to do God's work is limited, so we must use it wisely. He urged us to "[make] the best use of the time, because the days are evil" (EPHESIANS 5:16 ESV).

This doesn't mean we have to count each second as do the scientists, but when we consider the fleeting nature of life (PSALM 39:4), we can be reminded of the importance of using our time wisely. *JDB*

Lord, thank You for each moment You give us.
May we strive to honor You with this gift by using our time
wisely for Your honor and glory.

Don't just spend time — invest it.

DIA 30

JULGAMENTO DANOSO

Leitura: Mateus 7:1-6

Não julguem para não serem julgados. v.1

Tenho sido rápida em julgar quem vejo andando na rua olhando para um celular. *Como podem estar tão alheios aos carros prestes a atingi-los?* Digo a mim mesma. *Não se importam com a própria segurança?* Mas, um dia, atravessando a entrada de um beco, eu estava tão absorta numa mensagem de texto, que não vi um carro à minha esquerda. Felizmente, o motorista me viu e freou bruscamente. Senti-me envergonhada. Todos os meus julgamentos voltavam-se contra mim. Eu tinha julgado os outros e fizera exatamente a mesma coisa.

No Sermão do Monte, Jesus abordou esse tipo de hipocrisia: "Primeiro, livre-se do tronco em seu olho; então você verá o suficiente para tirar o cisco do olho de seu amigo" (v.5). Eu tinha um enorme "tronco" — um ponto cego pelo qual media os outros com meu próprio julgamento danoso.

O Senhor também disse: "O padrão de medida que adotarem será usado para medi-los" (v.2). Relembrando o olhar aborrecido no rosto do motorista naquele dia, depois de ter que frear bruscamente quando entrei na frente do carro dele, lembro-me do jeito aborrecido com que eu olhara para os outros absortos em seus celulares.

Nenhum de nós é perfeito. Mas, às vezes, me esqueço disso em minha ânsia de julgar os outros. Todos nós precisamos da graça de Deus. *LMW*

Pai celeste, por favor, ajuda-me a ser rápido em consolar e encorajar e, também, a ser lento em julgar.

Não se apresse em julgar os outros.

IMPAIRED JUDGMENT

Read: Matthew 7:1-6

Do not judge, or you too will be judged. v.1

I've been quick to judge anyone I saw walking in the street while staring at a phone. *How could they be so oblivious to the cars about to hit them? I've told myself. Don't they care about their own safety?* But one day, while crossing the entrance to an alleyway, I was so engrossed in a text message, that I missed seeing a car at my left. Thankfully, the driver saw me and came to an abrupt stop. But I felt ashamed. All of my self-righteous finger-pointing came back to haunt me. I had judged others, only to do the same thing myself.

My hypocrisy is the kind of thinking that Jesus addressed in the Sermon on the Mount: "First take the plank out of your own eye, and then you will see clearly to remove the speck from your brother's eye" (MATTHEW 7:5). I had a huge "plank" — a blind spot through which I judged others with my own impaired judgment.

"For in the same way you judge others, you will be judged," Jesus also said (7:2). Recalling the disgusted look on the driver's face that day, after having to make an abrupt stop when I walked in front of the car, I'm reminded of the disgusted looks I gave others engrossed in their phones.

None of us is perfect. But sometimes I forget that in my haste to judge others. We're all in need of God's grace. *LMW*

Heavenly Father, please help me be quicker to console or encourage, and slower to judge someone else.

Be slow to judge others.

AOS NOSSOS AMIGOS

Leitura: João 15:5-17

Este é meu mandamento: Amem uns aos outros como eu amo vocês. v.12

No romance de Emily Brontë *O Morro dos Ventos Uivantes* (Ed. Lua de Papel, 2009), um homem que cita a Bíblia para criticar os outros é descrito como o mais incômodo e presunçoso fariseu que esquadrinhou a Bíblia para usufruir das promessas para si e lançar as maldições aos seus vizinhos.

É cômico e também pode nos lembrar de algumas pessoas. Mas não somos *todos* um pouquinho desse jeito — propensos a condenar as falhas dos outros enquanto desculpamos as nossas?

Nas Escrituras, algumas pessoas fizeram exatamente o oposto; dispuseram-se a abrir mão das promessas pessoais de Deus e a serem amaldiçoados, caso isso salvasse outros. Moisés preferiu ter o nome riscado do livro de Deus a ver os israelitas não perdoados (ÊXODO 32:32). Ou Paulo, que optaria por ser "separado de Cristo" se isso levasse seu povo a Deus (ROMANOS 9:3).

Por sermos naturalmente metidos a santos, as Escrituras destacam os que amam mais aos outros do que a si mesmos.

Tal amor aponta para Jesus, que ensinou: "Não existe amor maior do que dar a vida por seus amigos" (v.13). Antes que o conhecêssemos, Jesus já nos amou "até o fim" (13:1) — escolhendo a morte para nos dar vida.

Agora somos convidados para a família de Deus (vv.9-12). E, ao conduzirmos outros ao amor de Cristo, o mundo terá um vislumbre dele. *MRB*

Senhor, agradeço-te por nos mostrares o que significa amar.
Ajuda-nos a amar como tu amas.

Quando amamos a Cristo, amamos aos outros.

FOR OUR FRIENDS

Read: John 15:5-17

My command is this: Love each other as I have loved you. v.12

In **Emily Bronte's** novel *Wuthering Heights*, a cantankerous man who often quotes the Bible to criticize others is memorably described as "the wearisomest self-righteous Pharisee that ever ransacked a Bible to rake [apply] the promises to himself and fling the curses to his neighbours."

It's a funny line; and it may even bring particular people to mind. But aren't we a bit like this — prone to condemn others' failures while excusing our own?

In Scripture some people amazingly did the exact opposite; they were willing to give up God's promises for them and even be cursed if it would save others. Consider Moses, who said he'd rather be blotted out of God's book than see the Israelites unforgiven (EXODUS 32:32). Or Paul, who said he'd choose to be "cut off from Christ" if it meant his people would find Him (ROMANS 9:3).

As self-righteous as we naturally are, Scripture highlights those who love others more than themselves.

Because ultimately such love points to Jesus. "Greater love has no one than this," Jesus taught, than "to lay down one's life for one's friends" (JOHN 15:13). Even before we knew Him, Jesus loved us "to the end" (13:1) — choosing death to give us life.

Now we are invited into the family of God, to love and be loved like this (15:9-12). And as we pour into others Christ's unimaginable love, the world will catch a glimpse of Him. *MRB*

Lord, thank You for showing us what it means to love.
Help us to love like You.

When we love Christ, we love others.

DIA 32

O PODER DA DEMONSTRAÇÃO

Leitura: 2 Timóteo 3:10-17

Toda a Escritura é inspirada por Deus e útil para nos ensinar o que é verdadeiro... v.16

Minhas tentativas de consertar coisas em casa, normalmente, me levam a pagar para alguém desfazer o dano que causei tentando resolver o problema original. Mas, recentemente, consegui consertar um eletrodoméstico, assistindo um tutorial no *YouTube*, no qual a pessoa demonstrava passo a passo, como fazer.

Paulo foi um poderoso exemplo para seu jovem pupilo Timóteo, que viajou com ele e o observou em ação. Da prisão em Roma, Paulo escreveu: "...Conhece minha fé, minha paciência, meu amor e minha perseverança" (vv.10,11). Além disso, ele pede a Timóteo a permanecer: "...fiel àquilo que lhe foi ensinado. Sabe que é a verdade, pois conhece aqueles de quem aprendeu" (vv.14,15).

A vida de Paulo demonstrou a necessidade de construir nossa vida sobre o alicerce da Palavra de Deus. Ele lembrou Timóteo de que a Bíblia é a fonte poderosa, dada por Deus, que precisamos para ensinar e demonstrar aos outros que querem seguir a Cristo.

Ao agradecermos ao Senhor pelas pessoas que nos ajudaram a crescer na fé, somos desafiados a seguir o exemplo deles de viver pela verdade enquanto ensinamos e encorajamos outros.

Este é o poder do testemunho. DCM

Senhor, assim como outros demonstraram a Tua verdade a nós, que possamos demonstrá-la às outras pessoas.

Somos convocados a praticar a Palavra de Deus, à medida que ensinamos e encorajamos outros.

THE POWER OF DEMONSTRATION

Read: 2 Timothy 3:10-17

All Scripture is God-breathed and is useful for teaching, rebuking, correcting and training in righteousness. v.16

My attempts at fixing things around the house usually lead to paying someone else to undo the damage I caused while trying to fix the original problem. But recently I successfully repaired a home appliance by watching a YouTube video where a person demonstrated step by step how to do it.

Paul was a powerful example to his young protégé Timothy who traveled with him and watched him in action. From prison in Rome, Paul wrote, "You [...] know all about my teaching, my way of life, my purpose, faith, patience, love, endurance, persecutions, sufferings" (2 TIMOTHY 3:10,11). In addition, he urged Timothy to "continue in what you have learned and have become convinced of, because you know those from whom you learned it, and how from infancy you have known the Holy Scriptures" (vv.14,15).

Paul's life demonstrated the necessity of building our lives on the bedrock of God's Word. He reminded Timothy that the Bible is the powerful, God-given source that we need to teach and to demonstrate to others who want to be Christ-followers.

As we thank the Lord for the people who helped us grow in faith, we are challenged to follow their example of living out the truth as we teach and encourage others.

That's the power of demonstration. *DCM*

Lord, as others have demonstrated Your truth to us,
may we in turn show it to others.

We are called to live out God's Word
as we teach and encourage others.

BACIA DE AMOR

Leitura: João 13:1-17

Depois, derramou água numa bacia e começou a lavar os pés de seus discípulos... v.5

Muitos anos atrás, na aula de Física, nosso professor nos pediu para dizer — sem nos virarmos — a cor da parede dos fundos da sala de aula. Ninguém soube responder, porque ninguém tinha reparado.

Às vezes, perdemos ou negligenciamos as "coisas" da vida, simplesmente porque não conseguimos absorver tudo. Às vezes, não vemos o que sempre esteve ali.

Foi assim comigo quando reli recentemente o relato de Jesus lavando os pés de Seus discípulos. A história é conhecida, pois é lida com frequência na semana da Páscoa. Ficamos surpresos que o nosso Salvador e Rei se inclinasse para limpar os pés dos Seus discípulos. Nos tempos de Jesus, até os servos judeus eram poupados dessa tarefa, porque isso era visto como algo que os diminuía. Mas eu não tinha notado antes que Jesus, que era homem e Deus, tinha lavado os pés de Judas. Mesmo sabendo que este o trairia, como vemos em João 13:11, Jesus se humilhou e lavou os pés de Judas.

O amor transbordou daquela bacia de água — amor que Ele compartilhou até com aquele que o trairia. Ao pensarmos nos acontecimentos desta semana a qual leva à celebração da ressurreição de Jesus, que possamos também receber o dom da humildade, para que tenhamos a capacidade de estender o amor de Jesus aos nossos amigos e a qualquer inimigo. ABP

Senhor Jesus, enche o meu coração de amor para que eu possa arregaçar minhas mangas e lavar os pés dos outros para a Tua glória.

Por amor, Jesus se humilhou e lavou os pés de Seus discípulos.

BASIN OF LOVE

Read: John 13:1-17

After that, he poured water into a basin and began to wash his disciples' feet. v.5

One day in physics class many years ago, our teacher asked us to tell him — without turning around — what color the back wall of the classroom was. None of us could answer, for we hadn't noticed.

Sometimes we miss or overlook the "stuff" of life simply because we can't take it all in. And sometimes we don't see what's been there all along.

It was like that for me as I recently read again the account of Jesus washing His disciples' feet. The story is a familiar one, for it is often read during Passion Week. That our Savior and King would stoop to cleanse the feet of His disciples awes us. In Jesus's day, even Jewish servants were spared this task because it was seen as beneath them. But what I hadn't noticed before was that Jesus, who was both man and God, washed the feet of Judas. Even though He knew Judas would betray Him, as we see in John 13:11, Jesus still humbled Himself and washed Judas's feet.

Love poured out in a basin of water—love that He shared even with the one who would betray Him. As we ponder the events of this week leading up to the celebration of Jesus's resurrection, may we too be given the gift of humility so that we can extend Jesus's love to our friends and any enemies. ABP

*Lord Jesus Christ, fill my heart with love
that I might roll up my sleeves and wash the feet
of others for Your glory.*

**Because of love, Jesus humbled Himself
and washed His disciples' feet.**

DIA 34

DERRUBANDO OS PINOS

Leitura: Eclesiastes 1:3-11

A história [...] se repete. O que foi feito antes será feito outra vez. Nada debaixo do sol é realmente novo. v.9

Fiquei intrigada quando notei a tatuagem dos pinos de boliche no tornozelo da minha amiga. A música *Setting Up the Pins* (Organizando os pinos) de Sara Groves a inspirou para fazer essa tatuagem. A canção encoraja a alegrar-se com as tarefas rotineiras e repetitivas que às vezes parecem tão inúteis quanto arrumar manualmente os pinos de boliche, apenas para alguém vir derrubá-los.

Lavar. Cozinhar. Cortar a grama. A vida parece cheia de tarefas que, uma vez concluídas, precisam ser refeitas. Não é uma luta nova, mas uma frustração antiga, registrada no livro de Eclesiastes. O livro começa com o escritor reclamando sobre os intermináveis ciclos da vida humana como fúteis (vv.2,3), sem sentido, pois "O que foi feito antes será feito outra vez" (v.9).

No entanto, o escritor foi capaz de recuperar o sentimento de alegria e significado, lembrando-nos que a nossa realização final vem de como reverenciamos a Deus e "obedecemos aos Seus mandamentos" (12:13). Confortamo-nos em saber que Deus valoriza até mesmo os aspectos comuns e aparentemente mundanos da vida e recompensará a nossa fidelidade (v.14).

Quais são os "pinos" que você está posicionando continuamente? Nos momentos em que as tarefas repetitivas começam a parecer cansativas, que tenhamos um momento para oferecê-las como oferta de amor a Deus. *LMS*

Você pode fazer uma tarefa diferente hoje sabendo que Deus a valoriza?

Pai, obrigado por valorizares as rotinas comuns da vida. Ajuda-nos a nos alegrarmos nelas diariamente.

KNOCKING DOWN PINS

Read: Ecclesiastes 1:3-11

What has been will be again, what has been done will be done again. v.9

I was intrigued when I noticed a tattoo of a bowling ball knocking down pins on my friend Erin's ankle. Erin was inspired to get this unique tattoo after listening to Sara Groves's song, "Setting Up the Pins." The clever lyrics encourage listeners to find joy in the repetitive, routine tasks that sometimes feel as pointless as manually setting up bowling pins over and over again, only to have someone knock them down.

Laundry. Cooking. Mowing the lawn. Life seems full of tasks that, once completed, have to be done again — and again. This isn't a new struggle but an old frustration, one wrestled with in the Old Testament book of Ecclesiastes. The book opens with the writer complaining about the endless cycles of daily human life as futile (1:2,3), even meaningless, because "what has been will be again, what has been done will be done again" (v.9).

Yet, like my friend, the writer was able to regain a sense of joy and meaning by remembering our ultimate fulfillment comes as we "fear [reverence] God and keep his commandments" (12:13). There's comfort in knowing that God values even the ordinary, seemingly mundane aspects of life and will reward our faithfulness (v.14).

What are the "pins" you're continually setting up? In those times when repetitive tasks begin to feel tiring, may we take a moment to offer each task to God as an offering of love.   *LMS*

How might you do a task differently today knowing God values it?

Heavenly Father, thank You for giving value to the ordinary activities of life. Help us to find joy in the tasks before us today.

DIA 35

DEUS EM DETALHES

Leitura: Mateus 10:29-31

O Senhor é bom para todos; derrama misericórdia sobre toda a sua criação. Salmo 145:9

Quando o "Chocolate", meu filhote de labrador *retriever*, estava com três meses, nós o levamos para tomar vacinas e fazer exames. Enquanto a veterinária o examinava cuidadosamente, percebeu uma pequena mancha branca no pelo da pata esquerda. Ela sorriu e disse: "Olha só! Foi por aqui que Deus segurou você quando o mergulhou no chocolate".

Eu ri. Mas, sem querer, ela tinha colocado uma questão significativa sobre o interesse profundo e pessoal de Deus a respeito de Sua criação.

Jesus nos diz em Mateus 10:30 que: "...até os cabelos de sua cabeça estão contados". Deus é tão maravilhoso que é capaz de ter interesse infinito nos detalhes mais íntimos de nossa vida. Não há nada tão pequeno que escape à Sua percepção e não existe preocupação trivial demais a ser levada perante Ele. O Senhor simplesmente se preocupa a esse ponto!

Deus não apenas nos criou, Ele nos sustém e nos guarda a cada momento. Às vezes é dito que "o diabo está nos detalhes". Mas é muito melhor entender que Deus está neles, cuidando até das coisas que escapam à nossa percepção. Como é reconfortante saber que o nosso Pai celeste, perfeitamente sábio e cuidadoso, nos segura — com toda a criação — em Suas mãos fortes e amorosas.

JBB

Amoroso Senhor, eu te louvo pela maravilha
de Tua criação. Ajuda-me a refletir a Tua compaixão,
cuidando daquilo que criaste.

Deus supre as nossas necessidades.

GOD IN THE DETAILS

Read: Matthew 10:29-31

The LORD is good to all; he has compassion on all he has made. Psalm 145:9

When my "chocolate" Labrador retriever puppy was three months old, I took him to the veterinarian's office for his shots and checkup. As our vet carefully looked him over, she noticed a small white marking in his fur on his left hind paw. She smiled and said to him, "That's where God held you when He dipped you in chocolate."

I couldn't help but laugh. But she had unintentionally made a meaningful point about the deep and personal interest God takes in His creation.

Jesus tells us in Matthew 10:30 that "even the very hairs of your head are all numbered." God is so great that He is able to take infinite interest in the most intimate details of our lives. There is nothing so small that it escapes His notice, and there is no concern too trivial to bring before Him. He simply cares that much.

God not only created us; He sustains and keeps us through every moment. It's sometimes said that "the devil is in the details." But it's better by far to understand that God is in them, watching over even the things that escape our notice. How comforting it is to know that our perfectly wise and caring heavenly Father holds us—along with all of creation—in His strong and loving hands.

JBB

*Loving Lord, I praise You for the wonder
of Your creation. Help me to reflect Your compassion
by taking care of what You have made.*

God attends to our every need.

DIA **36**

PELAS CORREDEIRAS

Leitura: Isaías 43:1-7

Quando passar por águas profundas, estarei a seu lado. Quando atravessar rios, não se afogará... v.2

O **guia do** *rafting* acompanhou o nosso grupo até à beira do rio e nos orientou a colocar os salva-vidas e pegar os remos. Conforme entrávamos no barco, indicava-nos os lugares, equilibrando o peso para dar estabilidade quando chegássemos às corredeiras. Depois de ressaltar as emoções que nos aguardavam no percurso, detalhou uma série de orientações que poderiam ser dadas e que deveríamos seguir, para conduzir o barco adequadamente. E nos garantiu que, mesmo que houvesse momentos difíceis no percurso, nossa viagem seria emocionante e segura.

Às vezes a vida *parece* um rafting com mais corredeiras do que gostaríamos. A promessa de Deus a Israel, através do profeta Isaías, pode guiar os nossos sentimentos quando tememos que o pior esteja acontecendo: "Quando passar por águas profundas, [...] atravessar rios, não se afogará" (v.2). Quando foram para o exílio como consequência de seu pecado, os israelitas enfrentaram um medo opressivo de terem sido rejeitados por Deus. Ainda assim, ao invés disso, o Senhor os assegura e promete estar com eles porque os ama (vv.2,4).

Deus não nos abandonará nas águas revoltas. Podemos confiar nele para nos orientar através das corredeiras, de nossos medos e dos problemas mais profundos e dolorosos, porque Ele também nos ama e promete estar conosco. KHH

Pai, obrigado por estares ao meu lado
em águas tempestuosas. Quero confiar em ti,
quando a jornada for assustadora.

Deus nos conduz quando enfrentamos momentos difíceis.

RIDING THE RAPIDS

Read: Isaiah 43:1-7

When you pass through the rivers, they will not sweep over you. v.2

The rafting guide escorted our group to the river's edge and directed us all to put on life jackets and grab paddles. As we climbed into the boat, he assigned us seats to balance the boat's weight, providing stability when we encountered rapids. After highlighting the thrills the watery voyage ahead would hold for us, he detailed a series of directions we could expect to hear — and would need to follow — to effectively steer the boat through the white water. He assured us that even though there might be tense moments on the way, our journey would be both exciting and safe.

Sometimes life feels like a white-water rafting trip, one that contains more rapids than we might like. God's promise to Israel, through the prophet Isaiah, can guide our feelings when we fear the worst is happening: "When you pass through the rivers, they will not sweep over you" (ISAIAH 43:2). The Israelites faced an overwhelming fear of rejection by God as they went into exile as a consequence of their sin. Yet instead, He affirms them and promises to be with them because He loves them (vv.2,4).

God won't abandon us in the rough waters. We can trust Him to guide us through the rapids — our deepest fears and most painful troubles — because He also loves us and promises to be with us.

KHH

Thank You, Lord, for being my guide
through troubled waters. Help me to trust You
even when the journey is wild and scary.

God steers us through difficult times.

DIA 37

ACABAR COM A INVEJA

Leitura: Romanos 6:11-14

Cada um preste muita atenção em seu trabalho...
Gálatas 6:4

O **famoso artista** francês Edgar Degas é lembrado por suas pinturas de bailarinas. Poucos sabem que ele invejava seu amigo e rival artístico Édouard Manet, outro mestre da pintura. Sobre ele, Degas disse: "Ele acerta de primeira, enquanto eu sofro e nunca acerto".

Paulo classifica a inveja como uma das piores emoções, tão má quanto "toda espécie de perversidade, pecado, ganância, ódio, [...] homicídio, discórdia, engano, malícia e fofocas". É o resultado de pensamentos tolos, de adoração a ídolos em vez de adoração a Deus (ROMANOS 1:28,29).

Christina Fox, escritora, diz que, quando a inveja se desenvolve entre os cristãos, é "porque o nosso coração se afastou do nosso amor verdadeiro". Baseados nesse sentimento, "perseguimos os prazeres inferiores deste mundo em vez de olhar para Jesus. De fato, esquecemo-nos de quem somos".

No entanto, há remédio. Volte-se para Deus. "Ofereça cada parte sua a Ele", escreveu Paulo (6:13), especialmente seu trabalho e vida. Em outra de suas cartas, Paulo alertou: "Cada um preste muita atenção em seu trabalho, pois então terá a satisfação de havê-lo feito bem e não precisará se comparar com os outros" (GÁLATAS 6:4).

Agradeça a Deus por Suas bênçãos e pela liberdade de Sua graça. Vendo nossos próprios dons concedidos por Deus, encontramos novamente o contentamento. *PR*

*Quais talentos, dádivas e bênçãos Deus lhe concedeu
e você deixou de apreciar?*

Querido Senhor, aproxima-me de ti, pois somente tu és o meu único amor verdadeiro e generoso.

ENDING ENVY

Read: Romans 6:11-14

Each one should test their own actions. Galatians 6:4

The famous French artist Edgar Degas is remembered worldwide for his paintings of ballerinas. Less known is the envy he expressed of his friend and artistic rival Édouard Manet, another master painter. Said Degas of Manet, "Everything he does he always hits off straightaway, while I take endless pains and never get it right."

It's a curious emotion, envy — listed by the apostle Paul among the worst traits, as bad as "every kind of wickedness, sin, greed, hate, envy, murder, quarreling, deception, malicious behavior, and gossip" (ROMANS 1:29 NLT). It results from foolish thinking, Paul writes — the result of worshiping idols instead of worshiping God (v.28).

Author Christina Fox says that when envy develops among believers, it's "because our hearts have turned from our one true love." In our envy, she said, "we are chasing after the inferior pleasures of this world instead of looking to Jesus. In effect, we've forgotten whose we are."

Yet there's a remedy. Turn back to God. "Offer every part of yourself to him," Paul wrote (ROMANS 6:13) — your work and life especially. In another of his letters Paul wrote, "Each one should test their own actions. Then they can take pride in themselves alone, without comparing themselves to someone else" (GALATIANS 6:4).

Thank God for His blessings—not just things, but for the freedom of His grace. Seeing our own God-given gifts, we find contentment again. *PR*

What talents, spiritual gifts, and blessings has God given you that you've forgotten to appreciate?

Dear Lord, draw me back to You. Turn my attention from other people's talents and blessings to You, my one true and generous love.

DIA **38**

PARA ONDE VOCÊ ESTÁ INDO?

Leitura: Salmo 121

...De onde me virá socorro? Meu socorro vem do Senhor... vv.1,2

O que determina a direção da sua vida? Entendi isso num curso de pilotagem de motos. Para aprender a pilotar motos, meus amigos e eu fizemos um curso. Parte do treinamento lidava com algo chamado fixação pelo alvo.

"Ocasionalmente", o instrutor disse, "vocês se depararão com um obstáculo inesperado. Se olharem para ele, fixos no alvo, irão em sua direção. Se olharem por cima e passarem por ele ao irem na direção que precisam, poderão evitá-lo normalmente. O lugar para onde estiverem olhando será a direção em que irão".

Esse princípio simples e profundo também se aplica à nossa vida espiritual. Quando "fixamos no alvo", focando em nossos problemas ou lutas, quase automaticamente orientamos nossa vida ao redor disso.

As Escrituras nos encorajam a deixar para trás nossos problemas e a olhar Àquele que pode nos ajudar a resolvê-los. Lemos: "Olho para os montes e pergunto: De onde me virá socorro?". E a resposta: "Meu socorro vem do Senhor, que fez os céus e a terra [...] O Senhor o guarda em tudo o que você faz, agora e para sempre" (vv.2,8).

Às vezes, nossos obstáculos parecem intransponíveis. Mas Deus nos convida a olhar para Ele para ajudar-nos a ver além dos nossos problemas, em vez de permitir que estes dominem nossas perspectivas.

ARH

Nossa ajuda está no nome do Senhor,
que fez os céus e a terra. SALMO 124:8

WHERE ARE YOU HEADED?

Read: Psalm 121

Where does my help come from? My help comes from the Lord. vv.1,2

What determines our direction in life? I once heard an answer to that question in a surprising place: a motorcycle training course. Some friends and I wanted to ride, so we took a class to learn how. Part of our training dealt with something called target fixation.

"Eventually," our instructor said, "you're going to face an unexpected obstacle. If you stare at it — if you target fixate — you'll steer right into it. But if you look above and past it to where you need to go, you can usually avoid it." Then he added, "Where you're looking is the direction you're going to go."

That simple-but-profound principle applies to our spiritual lives too. When we "target fixate" — focusing on our problems or struggles — we almost automatically orient our lives around them.

However, Scripture encourages us to look past our problems to the One who can help us with them. In Psalm 121:1, we read, "I lift up my eyes to the mountains — where does my help come from?" The psalm then answers: "My help comes from the Lord, the Maker of heaven and earth [...] The Lord will watch over your coming and going both now and forevermore" (v.2,8).

Sometimes our obstacles can seem insurmountable. But God invites us to look to Him to help us see beyond our troubles instead of letting them dominate our perspective. *ARH*

Our help is in the name of the Lord,
the Maker of heaven and earth. PSALM 124:8

DIA 39

ANDANDO NA CONTRAMÃO

Leitura: Filipenses 2:1-11

Em vez disso, [Jesus] esvaziou a si mesmo... v.7

Por um acaso, encontrei um documentário britânico de 1932 sobre Flannery O'Connor, aos 6 anos, na fazenda da sua família. Ela chamou atenção porque ensinou uma galinha a andar para trás. À parte desse fato inusitado, achei esse vislumbre da história uma metáfora perfeita. Ela tornou-se uma aclamada escritora norte-americana. Por suas sensibilidades literárias e convicções espirituais, ela passou seus 39 anos definitivamente andando para trás, pensando e escrevendo de maneira contracultural. Seus editores e leitores ficaram totalmente confusos com a forma como seus temas bíblicos iam contra as visões religiosas que eles esperavam.

É inevitável que os imitadores de Jesus sigam na contramão. Jesus, embora "sendo Deus", não agiu da maneira previsível que esperávamos (2:6). Não usou o Seu poder para benefício próprio, mas "humilhou-se e foi obediente até a morte" (vv.6,7). Cristo, o Senhor da criação, rendeu-se à morte por amor. Não se apegou ao prestígio, mas acolheu a humildade. Não se apegou ao poder, mas cedeu ao controle. Jesus, em essência, andou na contramão — indo contra os poderes do mundo.

As Escrituras nos dizem para fazermos o mesmo (v.5). Como Jesus, servimos em vez de dominar, movemo-nos em direção à humildade não à proeminência, doamos ao invés de retirarmos. No poder de Jesus, andamos na contramão. WCO

Onde Deus o chama para praticar o exemplo humilde de Cristo?

O único caminho para a cura e a bondade é unir-se a Jesus nessa caminhada pela contramão.

WALKING BACKWARD

Read: Philippians 2:1-11

Rather, [Jesus] made himself nothing. v.7

I **stumbled upon** footage from a British newsreel crew who filmed six-year-old Flannery O'Connor on her family farm in 1932. Flannery, who would go on to become an acclaimed US writer, caught the crew's curiosity because she'd taught a chicken to walk backward. Apart from the novelty of the feat, I thought this glimpse of history was a perfect metaphor. Flannery, due to both her literary sensibilities and her spiritual convictions, spent her thirty-nine years definitely walking backward — thinking and writing in a counter-cultural way. Publishers and readers were entirely baffled by how her biblical themes ran counter to the religious views they expected.

A life that runs counter to the norm is inevitable for those who would truly imitate Jesus. Philippians tells us that Jesus, though His "very nature" was God, didn't move in the predictable ways we would expect (2:6). He didn't use His power "to his own advantage," but "rather, he made himself nothing by taking the very nature of a servant" (vv.6,7). Christ, the Lord of creation, surrendered to death for the sake of love. He didn't seize prestige but embraced humility. He didn't grab power but relinquished control. Jesus, in essence, walked backward — counter to the power-driven ways of the world.

Scripture tells us to do the same (v.5). Like Jesus, we serve rather than dominate. We move toward humility rather than prominence. We give rather than take. In Jesus's power, we walk backward.

WCO

Where is God calling you to live out Christ's humble example?

**The only way to healing and goodness,
the only way to move forward,
is to join Jesus in walking backward.**

DIA **40**

ESPERANÇA RESTAURADA

Leitura: João 5:1-8

Quando Jesus o viu e soube que estava enfermo [...] perguntou-lhe: "Você gostaria de ser curado?". v.6

O **Sol nasce** no Leste? O céu é azul? O oceano é salgado? O peso atômico do cobalto é 58,9? Tudo bem; essa última pergunta, talvez você só saiba se for um nerd da ciência ou viciado em palavras-cruzadas. Mas as outras perguntas têm uma resposta óbvia: sim! Na realidade, perguntas como essas normalmente são mescladas com uma pitada de sarcasmo.

Se não tomarmos cuidado, nossos ouvidos modernos — às vezes exaustos — poderão ouvir uma pitada de sarcasmo na pergunta de Jesus a um paralítico: "Você gostaria de ser curado?" (v.6). A resposta óbvia parece ser: "Você está de brincadeira?! Busco ajuda há 38 anos!". Mas não há sarcasmo; o sarcasmo está longe da verdade. A voz de Jesus é sempre repleta de compaixão, e Suas perguntas são sempre feitas para o nosso bem.

Jesus sabia que o homem desejava ser curado. Ele também sabia que provavelmente fazia muito tempo que ninguém lhe oferecia ajuda. Antes do milagre divino, a intenção de Jesus era restaurar a esperança do paralítico. Para isso, Ele fez a pergunta óbvia, oferecendo formas de respondê-la: "Levante-se, pegue sua maca e ande!" (v.8). Somos como o paralítico: cada um de nós com áreas da vida em que a esperança murchou. Ele nos vê e compassivamente nos convida a ter novamente esperança; a crer nele.

JB

Em quais aspectos a sua esperança esfriou?
De que maneira Jesus tem lhe revelado a Sua compaixão?

Jesus nos restaura a alegria da esperança,
a qual nasce quando confiamos nele.

HOPE RESTORED

Read: John 5:1-8

When Jesus saw him lying there [...], he asked him, "Do you want to get well?". v.6

Does the sun rise in the east? Is the sky blue? Is the ocean salty? Is the atomic weight of cobalt 58.9? Okay, that last one you might only know if you're a science geek or tend to dabble in trivia, but the other questions have an obvious answer: Yes. In fact, questions like these are usually mixed with a hint of sarcasm.

If we're not careful, our modern — sometimes jaded — ears can hear a bit of sarcasm in Jesus's question to an invalid: "Do you want to get well?" (JOHN 5:6). The obvious answer would seem to be, "Are you kidding me?! I've been wanting help for thirty-eight years!" But there's no sarcasm present, that's the furthest thing from the truth. Jesus's voice is always filled with compassion, and His questions are always posed for our good.

Jesus knew the man wanted to get well. He also knew it had probably been a long time since anyone had made an offer to care. Before the divine miracle, Jesus's intent was to restore in him a hope that had grown cold. He did this by asking a rather obvious question, and then giving ways to respond: "Get up! Pick up your mat and walk" (v.8). We're like the invalid, each of us with places in our lives where hope has withered. He sees us and compassionately invites us to believe in hope again, to believe in Him.   JB

In what ways has your hope grown cold?
How has Jesus revealed His compassion to you?

Jesus, restore to me the joy of hope,
a hope born by trusting You.

SEM PRESSA

Leitura: Isaías 26:1-4

Tu guardarás em perfeita paz todos que em ti confiam, aqueles cujos propósitos estão firmes em ti. v.3

"**Elimine implacavelmente** a pressa." Quando dois amigos repetiram para mim essa sábia citação do filósofo cristão Dallas Willard, percebi que precisava considerá-la. Onde eu estava girando em círculos, perdendo tempo e energia? Mais importante, para onde eu estava indo tão apressado, sem buscar a orientação e ajuda de Deus? Nas semanas e meses que se seguiram, lembrei-me daquelas palavras e me reorientei de volta ao Senhor e Sua sabedoria. Lembrava-me de confiar nele ao invés de em meus próprios caminhos.

Afinal, correr freneticamente parece ser o oposto da "perfeita paz" da qual fala o profeta Isaías. O Senhor dá esse presente para "aqueles cujos propósitos estão firmes" nele (v.3). E Ele é digno de confiança hoje, amanhã e para sempre, "pois o Senhor Deus é a Rocha eterna" (v.4). Confiar em Deus com nossa mente fixa nele é o antídoto para a vida apressada.

E nós? Sentimos que estamos apressados ou precipitados? Talvez, em contraste, experimentemos frequentemente uma sensação de paz. Ou, quiçá, estejamos em algum lugar entre dois extremos.

Onde quer que estejamos, hoje, oro para sermos capazes de colocar de lado qualquer pressa à medida que confiamos no Senhor, que jamais falhará conosco, e que nos traz a Sua paz. *ABP*

Senhor Deus, só tu nos dás a paz que ultrapassa todo o entendimento. Obrigado por mais esse presente imerecido.

A paz de Deus nos ajuda a não agirmos com tanta pressa.

HURRY NOT

Read: Isaiah 26:1-4

You will keep in perfect peace those whose minds are steadfast, because they trust in you. v.3

"**Ruthlessly eliminate** hurry." When two friends repeated that adage by the wise Dallas Willard to me, I knew I needed to consider it. Where was I spinning my wheels, wasting time and energy? More important, where was I rushing ahead and not looking to God for guidance and help? In the weeks and months that followed, I remembered those words and reoriented myself back to the Lord and His wisdom. I reminded myself to trust in Him, rather than leaning on my own ways.

After all, rushing around frantically seems to be the opposite of the "perfect peace" the prophet Isaiah speaks of. The Lord gives this gift to "those whose minds are steadfast," because they trust in Him (v.3). And He is worthy of being trusted today, tomorrow, and forever, for "the LORD, the LORD himself, is the Rock eternal" (v.4). Trusting God with our minds fixed on Him is the antidote to a hurried life.

How about us? Do we sense that we're hurried or even hasty? Maybe, in contrast, we often experience a sense of peace. Or perhaps we're somewhere in between the two extremes.

Wherever we may be, I pray today that we'll be able to put aside any hurry as we trust the Lord, who will never fail us and who gives us His peace. *ABP*

Lord God, You give the peace that passes all understanding, which is a gift I don't want to take for granted. Thank You.

God's peace helps us not to hurry.

DIA **42**

LUGAR DE ESPERA

Leitura: Salmo 70

Aquiete-se na presença do Senhor espere nele com paciência... Salmo 37:7

"Esperar o peixe fisgar, ou esperar o vento a pipa levantar. Ou esperar a noite de sexta... Todos estão só esperando" — ou algo assim, diz o Dr. Seuss, autor de muitos livros infantis.

A vida é feita de esperas, porém Deus nunca está com pressa — ou assim parece. "Deus tem Seu tempo e hora", sugere um antigo ditado. Então esperamos.

Esperar é difícil. Torcemos os dedos, batemos os pés, sufocamos bocejos, damos longos suspiros e lidamos interiormente com a frustração. Por que tenho que viver com essa pessoa esquisita, esse emprego chato, essa conduta constrangedora, esse problema de saúde que não passa? Por que Deus não faz algo?

A resposta de Deus: "Espera um pouco e veja o que Eu farei". Esperar é um dos melhores professores da vida, com o qual aprendemos a virtude de... bem, esperar — esperar enquanto Deus age em nós e por nós. É na espera que desenvolvemos perseverança, a habilidade de confiar no amor e bondade de Deus, mesmo quando as coisas não estão acontecendo do nosso jeito (v.5).

Mas esperar não é uma renúncia melancólica e rancorosa. Podemos nos alegrar no Senhor enquanto esperamos (v.4). Mantemo-nos com esperança, sabendo que Deus nos livrará no devido tempo — neste mundo ou no próximo. Deus nunca está com pressa e Ele é sempre pontual.

DHR

*Senhor, sou grato por Tua amorosa presença.
Ajuda-nos a aproveitar ao máximo o tempo de espera,
confiando em ti e servindo-te.*

Deus está conosco enquanto aguardamos por Seu agir.

THE WAITING PLACE

Read: Psalm 70

Be still before the LORD and wait patiently for him.
Psalm 37:7

"**Waiting for** the fish to bite or waiting for wind to fly a kite. Or waiting around for Friday night... Everyone is just waiting"—or so Dr. Seuss, author of many children's books, says.

So much of life is about waiting, but God is never in a hurry — or so it seems. "God has His hour and delay," suggests an old, reliable saying. Thus we wait.

Waiting is hard. We twiddle our thumbs, shuffle our feet, stifle our yawns, heave long sighs, and fret inwardly in frustration. Why must I live with this awkward person, this tedious job, this embarrassing behavior, this health issue that will not go away? Why doesn't God come through?

God's answer: "Wait awhile and see what I will do."

Waiting is one of life's best teachers for in it we learn the virtue of... well, waiting — waiting while God works in us and for us. It's in waiting that we develop endurance, the ability to trust God's love and goodness, even when things aren't going our way (PSALM 70:5).

But waiting is not dreary, teeth-clenched resignation. We can "rejoice and be glad in [Him]" while we wait (v.4). We wait in hope, knowing that God will deliver us in due time — in this world or in the next. God is never in a hurry, but He's always on time.   DHR

*Dear Lord, thank You for Your loving presence.
Help us to make the most of our waiting through
trust in and service for You.*

God is with us in our waiting.

DIA **43**

AÇO E VELUDO

Leitura: João 8:1-11

Aquele de vocês que nunca pecou atire a primeira pedra. v.7

Sobre o ex-presidente norte-americano Abraham Lincoln, o poeta Carl Sandburg escreveu: "É incomum na história da humanidade chegar à Terra um homem que seja ao mesmo tempo aço e veludo [...] que mantenha em seu coração e mente o paradoxo da terrível tempestade e da paz indescritível e perfeita". "Aço e veludo" descreve como Lincoln equilibrava o poder de seu cargo com a preocupação pelos indivíduos desejosos de liberdade.

Em toda a história, apenas Jesus Cristo equilibrou perfeitamente a força e a suavidade, o poder e a compaixão. Quando os líderes religiosos o confrontaram para que condenasse uma mulher culpada, Jesus demonstrou força e suavidade. Demonstrou força ao resistir às exigências de uma turba sedenta por sangue, fazendo-os voltar seus olhares críticos a si mesmos. Jesus lhes disse: "Aquele de vocês que nunca pecou atire a primeira pedra" (v.7). Em seguida, utilizou o "veludo" da compaixão dizendo à mulher: "Eu também não a condeno. Vá e não peque mais" (v.11).

Refletir sobre a Sua atitude de "aço e veludo" e nossas reações aos outros pode revelar a ação do Pai em nos modelar para sermos semelhantes a Jesus. Podemos demonstrar a essência de Cristo a um mundo faminto tanto pela suavidade da misericórdia quanto pelo poder da justiça. WEC

Onde a ajuda de Deus é necessária para permitir que você demonstre Sua compaixão a outras pessoas?

**Querido Pai, agradeço-te por Teu Filho,
cuja força e ternura revelam perfeitamente o Teu propósito
para o nosso mundo perdido.**

STEEL AND VELVET

Read: John 8:1-11

Let any one of you who is without sin be the first to throw a stone at her. v.7

Poet Carl Sandburg wrote of former US president Abraham Lincoln, "Not often in the story of mankind does a man arrive on earth who is both steel and velvet… who holds in his heart and mind the paradox of terrible storm and peace unspeakable and perfect." "Steel and velvet" described how Lincoln balanced the power of his office with concern for individuals longing for freedom.

Only one person in all history perfectly balanced strength and gentleness, power and compassion. That man is Jesus Christ. In John 8, when confronted by the religious leaders to condemn a guilty woman, Jesus displayed both steel and velvet. He showed steel by withstanding the demands of a bloodthirsty mob, instead turning their critical eyes upon themselves. He said to them, "Let any one of you who is without sin be the first to throw a stone at her" (v.7). Then Jesus modeled the velvet of compassion by telling the woman, "Neither do I condemn you […] Go now and leave your life of sin" (v.11).

Reflecting His "steel and velvet" in our own responses to others can reveal the Father's work of conforming us to be like Jesus. We can show His heart to a world hungry for both the velvet of mercy and the steel of justice. *WEC*

Where do you need God's help to enable you to show His compassion to others?

Dear Father, I thank You for Your Son, whose strength and tenderness perfectly reveal Your heart for our lost world.

TUDO POR NADA

Leitura: Provérbios 7:10-27

Sua casa é o caminho para a sepultura, seu quarto é a câmara da morte. v.27

O vício em heroína é corrosivo e trágico, pois gera a tolerância, e doses maiores são necessárias para o mesmo efeito. Logo, a dosagem passa a ser letal. Quando os viciados ouvem que alguém morreu de overdose, seu primeiro pensamento pode não ser o medo, mas "Onde posso conseguir isso?".

C. S. Lewis alertou sobre isso no livro *Carta de um diabo a seu aprendiz* (Martins Fontes, 2009), com sua visão criativa à explicação de um demônio sobre a arte da tentação. Inicia com prazer, se possível, com um dos bons prazeres de Deus — e oferece-o da forma que o Senhor proibiu. Quando a pessoa morde, ofereça menos e incite-a a desejar mais. Forneça "um desejo cada vez maior por prazer cada vez menor", até que finalmente conquistamos "a alma do homem e não lhe damos nada em troca".

Provérbios 7 ilustra esse ciclo devastador com a tentação do pecado sexual. O sexo é uma boa dádiva de Deus, mas, se o buscamos fora do casamento, somos "como boi que vai para o matadouro" (v.22). Pessoas mais fortes do que nós se destruíram ao perseguir alturas que são prejudiciais, então "preste atenção" e "não se perca em seus caminhos tortuosos" (vv.24,25). O pecado pode ser atraente e viciante, mas sempre acaba em morte (v.27). Ao evitar a tentação de pecar — na força de Deus — podemos encontrar a verdadeira alegria e satisfação nele. MEW

Espírito Santo, sei que sou incapaz de resistir à tentação.
Preciso de ti, ajuda-me.

ALL FOR NOTHING

Read: Proverbs 7:10-27

Her house is a highway to the grave, leading down to the chambers of death. v.27

Heroin addiction is poignantly tragic. Users build tolerance, so larger hits are required for the same high. Soon the dosage they seek is more than enough to kill them. When addicts hear someone has died from an exceptionally strong batch, their first thought may not be fear but "Where can I get that?"

C. S. Lewis warned of this downward spiral in *Screwtape Letters*, his imaginative look at a demon's explanation of the art of temptation. Start with some pleasure — if possible one of God's good pleasures — and offer it in a way God has forbidden. Once the person bites, give less of it while enticing him to want more. Provide "an ever increasing craving for an ever diminishing pleasure," until finally we "get the man's soul and give him nothing in return."

Proverbs 7 illustrates this devastating cycle with the temptation of sexual sin. Sex is God's good gift, but when we seek its enjoyment outside of marriage we're "like an ox going to the slaughter" (v.22). People stronger than us have destroyed themselves by pursuing highs that are harmful, so "pay attention" and "do not let your heart turn to [wrongful] ways" (vv.24,25). Sin can be alluring and addicting, but it always ends in death (v.27). By avoiding — in God's strength — the temptation to sin, we can find true joy and fulfillment in Him. *MEW*

Holy Spirit, I know that I am powerless in myself to resist temptation. I need You. Help me.

DIA 45

ISSO FOI INCRÍVEL

Leitura: Provérbios 12:12, 24-28

Quem trabalha com dedicação chega a ser líder, mas o preguiçoso se torna escravo. v.24

Embora estivesse se preparando para o evento, a garota estava com medo de fazer feio. Ainda assim, ela começou a corrida com todos os outros. Mais tarde, um a um, os corredores terminaram seu percurso de três quilômetros e cruzaram a linha de chegada — todos, exceto uma corredora. Finalmente, sua mãe, que estava vendo a filha finalizar a corrida, viu uma figura solitária à distância. A mãe foi até a linha de chegada, preparando-se para confortar a filha chateada. Em vez disso, quando a garota viu sua mãe, exclamou: "Foi incrível!". O que pode ser fantástico em terminar por último? A finalização!

A garota conseguiu terminar algo difícil! As Escrituras honram o trabalho árduo e a diligência, um conceito frequentemente aprendido através de esportes, música, perseverança e esforço. "Quem trabalha com dedicação chega a ser líder, mas o preguiçoso se torna escravo" (12:24). Mais adiante lemos: "O trabalho árduo produz lucro, mas a conversa fiada leva à pobreza" (14:23). Esses princípios são sábios e podem nos ajudar a servir bem a Deus.

O plano de Deus para nós sempre incluiu o trabalho. Mesmo antes da queda, Adão deveria cultivar e tomar conta do jardim (GÊNESIS 2:15). Todo esforço que fizermos deve ser feito "...de bom ânimo" (COLOSSENSES 3:23). Vamos trabalhar com a força que Deus nos concede e deixar os resultados para Ele.

JDB

Em que áreas posso aprender a ser diligente e a perseverar?

Pai Celestial, seja o que for que me pedires para fazer hoje, grande ou pequeno, ajuda-me a fazê-lo.

THAT WAS AWESOME!

Read: Proverbs 12:12,24-28

Diligent hands will rule, but laziness ends in forced labor. v.24

It was the seventh-grader's first cross-country meet, but she didn't want to run. Although she'd been preparing for the event, she was afraid of doing poorly. Still, she started the race with everyone else. Later, one by one the other runners finished the two-mile course and crossed the finish line — everyone except the reluctant runner. Finally, her mom, who was watching for her daughter to finish, saw a lone figure in the distance. The mother went to the finish line, preparing to comfort a distraught competitor. Instead, when the young runner saw her mom, she exclaimed, "That was awesome!"

What can be awesome about finishing last? Finishing!

The girl had tried something difficult and had accomplished it! Scripture honors hard work and diligence, a concept often learned through sports or music or other things that require perseverance and effort.

Proverbs 12:24 says, "Diligent hands will rule, but laziness ends in forced labor." And later we read, "All hard work brings a profit, but mere talk leads only to poverty" (14:23). These wise principles — not promises — can help us serve God well.

God's plan for us always included work. Even before the fall, Adam was to "work [the Garden] and take care of it" (GENESIS 2:15). And any effort we make should be done "with all [our] heart" (COLOSSIANS 3:23). Let's work in the strength He gives us — and leave the results to Him. *JDB*

What are some areas where I can learn to be diligent and persevere?

Heavenly Father, whatever it is You have asked me to do today — big or small — help me to do it.

DIA 46

COISAS LINDAS E TERRÍVEIS

Leitura: Salmo 57

Desperte, minha alma! Despertem, lira e harpa! Quero acordar o amanhecer com a minha canção. v.8

O **medo pode nos paralisar.** Conhecemos todos os motivos para sentirmos medo — tudo o que nos feriu no passado e tudo que pode nos ferir novamente. De tal modo, que, às vezes, não conseguimos sair do lugar. *Simplesmente, não consigo. Não sou tão inteligente nem tão forte ou corajoso para aguentar sofrer assim novamente.*

Sou fascinado pela forma como o autor Frederick Buechner descreve a graça de Deus como uma voz suave que diz: "Eis o mundo. Coisas lindas e terríveis vão acontecer. Não tenha medo; eu estou com você".

Coisas terríveis vão acontecer. No nosso mundo, pessoas feridas ferem outras pessoas, e frequentemente, de maneira terrível. Como Davi, temos nossas histórias de quando o mal nos cercou, de quando os outros como "leões ferozes" nos feriram (v.4). E lamentamos e clamamos (vv.1,2).

Mas, porque Deus está conosco, coisas lindas também podem acontecer. Ao lhe entregarmos os nossos medos e dores, somos carregados por um amor maior do que o poder de alguém em nos ferir (vv.1-3), um amor tão profundo que se eleva até o céu (v.10). Até quando a calamidade nos cerca, o Seu amor é um sólido refúgio onde o nosso coração encontra a cura (vv.1,7). Até que um dia, amanheceremos com coragem renovada, prontos para saudar o dia com uma canção sobre a Sua fidelidade (vv.8-10). MRB

Deus, agradeço-te por nos amparares e curares com o Teu amor. Ajuda-nos a encontrar coragem para seguir-te e compartilhar o Teu amor com os outros.

O amor e a beleza de Deus nos dão coragem.

TERRIBLE AND BEAUTIFUL THINGS

Read: Psalm 57

Awake, my soul! Awake, harp and lyre! I will awaken the dawn. v.8

Fear can leave us frozen. We know all the reasons to be afraid — everything that's hurt us in the past, everything that could easily do so again. So sometimes we're stuck — unable to go back; too afraid to move forward. *I just can't do it. I'm not smart enough, strong enough, or brave enough to handle being hurt like that again.*

I'm captivated by how author Frederick Buechner describes God's grace: like a gentle voice that says, "Here is the world. Terrible and beautiful things will happen. Don't be afraid. I am with you."

Terrible things will happen. In our world, hurting people hurt other people, often terribly. Like the psalmist David, we carry our own stories of when evil surrounded us, when, like "ravenous beasts," others wounded us (PSALM 57:4). And so we grieve; we cry out (vv.1,2).

But because God is with us, beautiful things can happen too. As we run to Him with our hurts and fears, we find ourselves carried by a love far greater than anyone's power to harm us (vv.1-3), a love so deep it fills the skies (v.10). Even when disaster rages around us, His love is a solid refuge where our hearts find healing (vv.1,7). Until one day we'll find ourselves awakening to renewed courage, ready to greet the day with a song of His faithfulness (vv.8-10).   MRB

*Healer and Redeemer, thank You for holding us
and healing us with Your endless love.
Help us find in Your love the courage to follow You and share
Your love with those around us.*

God's love and beauty make us brave.

FIQUE FIRME!

Leitura: Isaías 41:8-13

...Eu o fortalecerei e o ajudarei; com minha vitoriosa mão direita o sustentarei. v.10

Meu sogro completou 78 anos e durante as homenagens lhe perguntaram: "Qual é a coisa mais importante que você aprendeu em sua vida até agora?". A resposta? "Fique firme". Pode ser tentador descartar essas palavras como simplistas, mas ele não estava enaltecendo o otimismo ou o pensamento positivo. Ele suportou dificuldades e sua determinação em insistir em manter-se firme não se fundamentou numa vaga esperança de que as coisas pudessem melhorar, mas na obra de Cristo em sua vida.

Fique firme — a Bíblia chama isso de perseverança, a qual não é possível apenas por força de vontade. Perseveramos porque Deus prometeu, repetidamente, que está conosco, nos dará força e também realizará os Seus propósitos em nossa vida. Esta é a mensagem que Ele falou aos israelitas por meio de Isaías: "Não tenha medo, pois estou com você; não desanime, pois sou o seu Deus. Eu o fortalecerei e o ajudarei; com minha vitoriosa mão direita o sustentarei" (v.10).

O que é preciso para *ficar firme?* Isaías diz que o caráter de Deus é o fundamento para a esperança. Conhecer a bondade de Deus nos afasta do medo para que possamos nos apegar ao Pai e à promessa de que Ele proverá o que precisamos a cada dia: força, ajuda e a presença consoladora, capacitadora e defensora de Deus.

ARH

Você experimentou a provisão de Deus em momentos de medo ou incerteza? O apoio de outros cristãos pode ajudá-lo a permanecer firme?

Pai, ajuda-nos a lembrar de Tua promessa de nos fortalecer e a confiar nela todos os dias.

HANG IN THERE

Read: Isaiah 41:8-13

I will strengthen you and help you; I will uphold you with my righteous right hand. v.10

My father-in-law turned seventy-eight recently, and during our family gathering to honor him, someone asked him, "What's the most important thing you've learned in your life so far?" His answer? "Hang in there."

Hang in there. It might be tempting to dismiss those words as simplistic. But my father-in-law wasn't promoting blind optimism or positive thinking. He's endured tough things in his nearly eight decades. His determination to press on wasn't grounded in some vague hope that things might get better, but in Christ's work in his life.

"Hanging in there"—the Bible calls it perseverance—isn't possible through mere willpower. We persevere because God promised, over and over, that He's with us, that He'll give us strength, and that He'll accomplish His purposes in our lives. That's the message He spoke to the Israelites through Isaiah: "So do not fear, for I am with you; do not be dismayed, for I am your God. I will strengthen you and help you; I will uphold you with my righteous right hand" (ISAIAH 41:10).

What does it take to "hang in there"? According to Isaiah, the foundation for hope is God's character. Knowing God's goodness allows us to release our grip on fear so we can cling to the Father and His promise that He will provide what we need each day: strength, help, and God's comforting, empowering, and upholding presence.

ARH

How have you experienced God's provision for you in moments of fear? How can the support of other believers help you to hang on?

Father, Help us to remember Your promise of strength and to rely upon it each day.

DIA 48

ESTE SOU EU

Leitura: Tiago 3:7-12

E, assim, bênção e maldição saem da mesma boca. Meus irmãos, isso não está certo! v.10

A canção *This Is Me* (Este sou eu) do filme *O rei do show* é baseada na vida de P. T. Barnum e seu circo itinerante. É cantada pelos personagens que sofreram provocações e abusos verbais por não estarem em conformidade com as normas sociais e descrevem as palavras como balas destrutivas e facas que deixam cicatrizes. Suas palavras refletem sobre quantas pessoas suportam as feridas invisíveis, mas verdadeiras, causadas por palavras ferinas.

Tiago entendeu o perigo potencial de as palavras causarem danos destrutivos e duradouros, chamando a língua de "incontrolável e perversa, cheia de veneno mortífero". Com essa comparação surpreendentemente forte, enfatizou a urgente necessidade de os cristãos reconhecerem o imenso poder de suas palavras. Mais ainda, ele destacou a inconsistência de louvar a Deus num momento e ferir pessoas criadas à imagem de Deus no próximo (vv.8-10).

A música *This Is Me* desafia a veracidade dos ataques verbais insistindo que todos nós somos gloriosos. A Bíblia estabelece a dignidade e a beleza que são únicas de cada ser humano, não por causa da aparência externa ou de qualquer coisa que tenhamos feito, mas porque cada um de nós é lindamente projetado por Deus — somos Suas obras-primas (SALMO 139:14). As nossas palavras ditas uns aos outros e sobre o outro têm o poder de reforçar essa verdade encorajadora. *LMS*

Como você pode encorajar uma obra-prima de Deus ainda hoje?

Deus Criador, ajuda-nos a usar nossas palavras em louvor a ti e para encorajar Tuas obras-primas.

THIS IS ME

Read: James 3:7-12

Out of the same mouth come praise and cursing. My brothers and sisters, this should not be. v.10

The powerful song "This Is Me" is an unforgettable show tune featured in *The Greatest Showman*, the smash movie musical loosely based on the life of P.T. Barnum and his traveling circus. The lyrics, sung by characters in the film who'd suffered verbal taunts and abuse for failing to conform to societal norms, describe words as destructive bullets and knives that leave scars.

The song's popularity points to how many people bear the invisible, but real, wounds caused by weaponized words.

James understood the potential danger of our words to cause destructive and long-lasting harm, calling the tongue "a restless evil, full of deadly poison" (JAMES 3:8). By using this surprisingly strong comparison, James emphasized the urgent need for believers to recognize the immense power of their words. Even more, he highlighted the inconsistency of praising God with one breath and then injuring people who are made in God's image with the next (vv.9,10).

The song "This Is Me" similarly challenges the truth of verbal attacks by insisting that we're all glorious — a truth the Bible affirms. The Bible establishes the unique dignity and beauty of each human being, not because of outward appearance or anything we have done, but because we are each beautifully designed by God — His unique masterpieces (PSALM 139:14). And our words to each other and about each other have the power to reinforce that reassuring reality.   *LMS*

*Whose forgiveness might you need to seek
for using damaging words?
How might you encourage someone today?*

Creator God, help us to use our words both in praise of You and to encourage the people You expertly designed.

AMOR DESTEMIDO

Leitura: 1 João 4:7-12

Nós amamos porque ele nos amou primeiro. v.19

Por anos usei o medo para proteger-me. Tornou-se a minha desculpa para evitar coisas novas, seguir meus sonhos e obedecer a Deus. Mas o medo da perda, mágoa e rejeição me impediram de desenvolver relacionamentos com Deus e com os outros. Isso tornou-me uma esposa insegura, ansiosa, ciumenta e uma mãe superprotetora. Enquanto aprendo sobre o quanto Deus me ama, Ele muda a maneira como me relaciono com Ele e com os outros. Por saber que Deus cuidará de mim, sinto-me mais segura e disposta a colocar as necessidades dos outros antes das minhas.

Deus é amor (v.7,8). A morte de Cristo na cruz, a demonstração suprema do amor, mostra a profundidade de Sua paixão por nós (v.9,10). Podemos amar os outros com base em quem Ele é e no que Ele faz porque Deus nos ama e vive em nós (v.11,12).

Jesus nos concede o Seu Espírito Santo quando o recebemos como Salvador (v.13-15). Quando o Espírito nos ajuda a conhecer e confiar no amor de Deus, Ele nos torna mais semelhantes a Jesus (v.16,17). Crescer em confiança e fé pode gradualmente eliminar o medo, porque sabemos, sem sombra de dúvida, que Deus nos ama profunda e completamente (v.18,19).

Ao experimentarmos o amor pessoal e incondicional de Deus por nós, amadurecemos e nos arriscamos a nos relacionarmos com Ele e com os outros com amor destemido. XED

Ao refletir sobre o grande amor de Deus por você, como isso o ajuda a aliviar o medo?

Senhor, obrigado por derramares amor ilimitado em nós para que possamos te amar e amar os outros sem medo.

FEARLESS LOVE

Read: 1 John 4:7-12

We love because he first loved us. v.19

For years I wore a shield of fear to protect my heart. It became an excuse to avoid trying new things, following my dreams, and obeying God. But fear of loss, heartache, and rejection hindered me from developing loving relationships with God and others. Fear made me an insecure, anxious, and jealous wife, and an overprotective, worrying mother. As I continue learning how much God loves me, however, He's changing the way I relate to Him and to others. Because I know God will care for me, I feel more secure and willing to place the needs of others before mine.

God is love (1 JOHN 4:7,8). Christ's death on the cross — the ultimate demonstration of love — displays the depth of His passion for us (vv.9,10). Because God loves us and lives in us, we can love others based on who He is and what He's done (vv.11,12).

When we receive Jesus as our Savior, He gives us His Holy Spirit (vv.13-15). As the Spirit helps us know and rely on God's love, He makes us more like Jesus (vv.16,17). Growing in trust and faith can gradually eliminate fear, simply because we know without a doubt that God loves us deeply and completely (vv.18,19).

As we experience God's personal and unconditional love for us, we grow and can risk relating to Him and others with fearless love.

XED

What fears are found in your heart?
As you ponder God's great love for you,
how does this help alleviate them?

Lord, thank You for pouring limitless love into us so we can love You and others without fear.

DIA **50**

CUIDADOSAMENTE TRABALHADA

Leitura: Efésios 4:11-14

Ele designou [...] apóstolos [...] profetas [...] evangelistas [...] pastores e mestres [para] preparar o povo santo. vv.11,12

No *YouTube*, Alan Glustoff, produtor de queijo, descreve o processo para aumentar o sabor e a textura do queijo em sua fase de maturação. Antes de ser enviado ao mercado, cada lote de queijo permanece nas prateleiras numa caverna subterrânea por seis a doze meses. Neste ambiente úmido, o queijo cuidadosamente matura. Ele explica que fazem o melhor para prover o ambiente adequado para o queijo maturar e desenvolver seu verdadeiro potencial.

A paixão dele por desenvolver o potencial do queijo que produziu me lembrou do amor de Deus por despertar o "verdadeiro potencial" de Seus filhos para que se tornem frutíferos e desenvolvidos. Paulo descreve as pessoas envolvidas nesse processo: apóstolos, profetas, evangelistas, pastores e mestres (v.11). Pessoas com esses dons ajudam a estimular o crescimento de cada cristão e a incentivar atos de serviço: a "obra" (v.12). O objetivo é que "amadureçamos, chegando à completa medida da estatura de Cristo" (v.13).

O crescimento espiritual acontece através do poder do Espírito Santo à medida que nos submetemos ao Seu processo de amadurecimento. Quando seguimos a orientação das pessoas que Ele coloca em nossa vida, tornamo-nos mais eficazes quando o Senhor nos envia para servir. *LMW*

*Quem foi a pessoa mais influente
para o seu crescimento espiritual?
De que maneiras você foi desafiado a crescer?*

**Deus amoroso, agradeço-tepela maneira carinhosa
de me ajudares a crescer.**

CAREFULLY CRAFTED

Read: Ephesians 4:11-14

Christ himself gave the apostles, the prophets, the evangelists, the pastors and teachers, to equip his people. vv.11,12

In a **YouTube video**, Alan Glustoff, a cheese farmer in Goshen, New York, described his process for aging cheese, a process that adds to a cheese's flavor and texture. Before it can be sent out to a market, each block of cheese remains on a shelf in an underground cave for six to twelve months. In this humid environment the cheese is carefully tended. "We do our best to give it the right environment to thrive... [and] to develop to its truest potential," Glustoff explained.

Glustoff's passion for developing the potential of the cheese he produces reminded me of God's passion for developing the "truest potential" of His children so they will become fruitful and mature. In Ephesians 4, the apostle Paul describes the people involved in this process: apostles, prophets, evangelists, pastors, and teachers (v.11). People with these gifts help to stimulate the growth of each believer as well as to encourage acts of service (the "works" mentioned in verse 12). The goal is that we "become mature, attaining to the whole measure of the fullness of Christ" (v.13).

Spiritual growth comes about through the power of the Holy Spirit as we submit to His maturing process. As we follow the guidance of the people He places in our lives, we become more effective as He sends us out to serve. *LMW*

Who has been most influential to your spiritual growth?
In what ways have you been challenged to grow?

Loving God, I'm grateful for the tender way
You help me to grow.

DIA 51

PONTO SEM VOLTA

Leitura: Tiago 3:1-12

...a língua é uma chama de fogo. É um mundo de maldade que corrompe todo o corpo... v.6

Não era tão simples como cruzar outro rio qualquer. Por lei, um general não podia entrar em Roma conduzindo tropas armadas. Quando Julius César atravessou o rio Rubicão com a 13.ª Legião e entrou na Itália, em 49 a.C., foi um ato de traição. O impacto foi irreversível, gerando anos de guerra civil até o general se tornar governante absoluto. Ainda hoje, "cruzar o Rubicão" é uma metáfora para "caminho sem volta".

Às vezes podemos cruzar o Rubicão relacional com as palavras que proferimos. Uma vez ditas, elas não podem ser retiradas. Elas podem oferecer ajuda e consolo ou causar danos tão irreversíveis quanto a marcha de César em Roma. Tiago nos deu outra imagem: "E, entre todas as partes do corpo, a língua é uma chama de fogo. É um mundo de maldade que corrompe todo o corpo. Ateia fogo a uma vida inteira, pois o próprio inferno a acende" (v.6).

Quando tememos ter cruzado o Rubicão com alguém, podemos buscar o seu perdão — e o de Deus (MATEUS 5:23,24; 1 JOÃO 1:9). Porém, melhor ainda é descansar diariamente no Espírito de Deus, ouvindo o desafio de Paulo: "Que suas conversas sejam amistosas e agradáveis..." (COLOSSENSES 4:6), assim, elas honrarão nosso Senhor, e animarão e encorajarão quem está ao nosso redor. WEC

Senhor, guarda o meu coração e palavras hoje.
Que eu te agrade e leve saúde e cura aos outros.

Quando as palavras se tornam armas,
nossos relacionamentos logo se tornam vítimas.

THE POINT OF NO RETURN

Read: James 3:1-12

The tongue also is a fire, a world of evil among the parts of the body. It corrupts the whole body. v.6

It wasn't as simple as just crossing another river. By law, no Roman general could lead armed troops into Rome. So when Julius Caesar led his Thirteenth Legion across the Rubicon River and into Italy in 49 BC, it was an act of treason. The impact of Caesar's decision was irreversible, generating years of civil war before Rome's great general became absolute ruler. Still today, the phrase "crossing the Rubicon" is a metaphor for "passing the point of no return."

Sometimes we can cross a relational Rubicon with the words we say to others. Once spoken, words can't be taken back. When those words escape our lips, they can either offer help and comfort or do damage that feels just as irreversible as Caesar's march on Rome. James gave us another word picture about words when he said, "The tongue also is a fire, a world of evil among the parts of the body. It corrupts the whole body, sets the whole course of one's life on fire, and is itself set on fire by hell" (JAMES 3:6).

When we fear we have crossed a Rubicon with someone, we can seek their forgiveness—and God's (MATTHEW 5:23,24; 1 JOHN 1:9). But even better is to daily rest in God's Spirit, hearing Paul's challenge, "Let your conversation be always full of grace" (COLOSSIANS 4:6), so that our words will not only honor our Lord, but lift up and encourage those around us. *WEC*

Lord, please guard my heart and my words today.
May I speak only words that please
You and bring health and healing to others.

When words become weapons,
our relationships soon become casualties

DIA 52

CHAMADO PELO NOME

Leitura: João 20:11-18

"Maria!", disse Jesus. Ela se voltou para ele e exclamou: "Rabôni!" (que, em aramaico, quer dizer "Mestre!"). v.16

Os **publicitários** concluíram que a palavra que chama mais atenção e que provoca mais reações dos espectadores é o seu próprio nome. Assim, um canal de TV britânico introduziu anúncios personalizados nos serviços de transmissão ao vivo.

Podemos gostar de ouvir o nosso nome na televisão, mas isso pouco significa, pois não tem a intimidade que acompanha quando alguém que nos ama diz o nosso nome.

Jesus capturou a atenção de Maria Madalena quando, no túmulo onde fora colocado o Seu corpo após a crucificação, Ele a chamou pelo seu nome (v.16). Com aquela única palavra, ela reconheceu o Mestre que tinha amado e seguido e, imagino, com um ímpeto de incredulidade e alegria. A familiaridade com que Ele disse seu nome confirmou a ela que, sem dúvida, Aquele que a conhecia perfeitamente estava vivo e não morto.

Embora Maria tenha compartilhado um momento único e especial com Jesus, nós também somos individualmente amados por Deus. Jesus disse a Maria que Ele subiria para Seu Pai (v.17), mas também dissera aos Seus discípulos que não os deixaria sozinhos (14:15-18). Deus enviaria o Espírito Santo para viver e habitar em Seus filhos (ATOS 2:1-13).

A história de Deus não muda. Naquela época ou agora, Ele conhece aqueles a quem ama (JOÃO 10:14,15). Ele nos chama pelo nome. *ABP*

*Amado Pai, Cristo vivo, Espírito Santo consolador,
obrigado por me conhecerdes
totalmente e me amardes incessantemente.*

**O Deus criador do cosmos também o criou,
e o chama pelo nome.**

CALLED BY NAME

Read: John 20:11-18

Jesus said to her, "Mary." She turned toward him and cried out in Aramaic, "Rabboni!" v.16

Advertisers have concluded that the most attention-grabbing word that viewers react to is their own name. Thus a television channel in the UK has introduced personalized advertisements with their online streaming services.

We might enjoy hearing our name on television, but it doesn't mean much without the intimacy that comes when someone who loves us says our name.

Mary Magdalene's attention was arrested when, at the tomb where Jesus's body had been laid after He was crucified on the cross, He spoke her name (JOHN 20:16). With that single word, she turned in recognition to the Teacher whom she loved and followed, I imagine with a rush of disbelief and joy. The familiarity with which He spoke her name confirmed for her beyond a doubt that the One who'd known her perfectly was alive and not dead.

Although Mary shared a unique and special moment with Jesus, we too are personally loved by God. Jesus told Mary that He would ascend to His Father (v.17), but He had also told His disciples that He would not leave them alone (JOHN 14:15-18). God would send the Holy Spirit to live and dwell in His children (SEE ACTS 2:1-13).

God's story doesn't change. Whether then or now, He knows those whom He loves (SEE JOHN 10:14,15). He calls us by name. ABP

Loving Father, living Jesus, comforting Holy Spirit,
thank You that You know me completely,
and that You love me unceasingly.

The God who created the cosmos also made you, and He calls you by name.

DIA 53

AMOR SEM LIMITES

Leitura: Salmo 145:8-21

O Senhor é bom para todos; derrama misericórdia sobre toda a sua criação. v.9

Um **sábio** amigo me aconselhou a evitar as expressões "você sempre" ou "você nunca" numa discussão — especialmente em família. Como é fácil criticar quem nos cerca, ou sentir frieza em relação a quem amamos. Por outro lado, não existe qualquer variação no amor infinito de Deus por todos nós.

O Salmo 145 transborda com a palavra *todos*. "O Senhor é bom para todos; derrama misericórdia sobre toda a sua criação" (v.9). "...O Senhor sempre cumpre suas promessas; é bondoso em *tudo* que faz. O Senhor ajuda os que caíram e levanta os que estão encurvados sob o peso de suas cargas" (vv.13,14). "O Senhor protege todos que o amam..." (v.20).

Nesse salmo, somos lembrados uma dúzia de vezes que o amor de Deus não tem limites nem favoritismo. E o Novo Testamento revela que a maior expressão disso é vista em Jesus Cristo: "Porque Deus amou tanto o mundo que deu seu Filho único, para que todo o que nele crer não pereça, mas tenha a vida eterna" (JOÃO 3:16).

O Salmo 145 declara que "O Senhor está perto de todos que o invocam, sim, de todos que o invocam com sinceridade. Ele concede os desejos dos que o temem; ouve seus clamores e os livra" (vv.18,19).

O amor de Deus por nós é eterno e nunca falha! DCM

*Pai celeste, estamos maravilhados por Teu amor por nós
que nunca muda, nunca falha, e nunca acaba.
Louvamos-te por demonstrar Teu amor ilimitado por nós
através de Jesus, nosso Salvador e Senhor.*

É impossível existir qualquer variação no infinito amor de Deus por todos nós.

LOVE WITHOUT LIMITS

Read: Psalm 145:8-21

The LORD is good to all; he has compassion on all he has made. v.9

A wise friend advised me to avoid using the words "you always" or "you never" in an argument — especially with my family. How easy it is to criticize others around us and to feel unloving toward those we love. But there is never any variation in God's enduring love for us all.

Psalm 145 overflows with the word *all*. "The LORD is good to all; he has compassion on all he has made" (v.9). "The LORD is trustworthy in all he promises and faithful in all he does. The LORD upholds all who fall and lifts up all who are bowed down" (vv.13,14). "The LORD watches over all who love him" (v.20).

A dozen times in this psalm we are reminded that God's love is without limit and favoritism. And the New Testament reveals that the greatest expression of it is seen in Jesus Christ: "For God so loved the world that he gave his one and only Son, that whoever believes in him shall not perish but have eternal life" (JOHN 3:16).

Psalm 145 declares that "the LORD is near to all who call on him, to all who call on him in truth. He fulfills the desires of those who fear him; he hears their cry and saves them" (vv.18,19).

God's love for us always endures, and it never fails! DCM

*Father in heaven, we are awed by Your love for us
that never changes, never fails, and never ends.
We praise You for demonstrating Your limitless love for us
through Jesus our Savior and Lord.*

**There is never any variation
in God's enduring love for us all.**

LAMENTO ESPERANÇOSO

Leitura: Lamentações 3:49-58

Mas, lá do fundo do poço, invoquei teu nome, Senhor. v.55

Visitar o Parque Nacional Clifton Heritage em Nassau, Bahamas, é revisitar um momento trágico da história. Onde a terra encontra o mar, os degraus de pedra levam a um penhasco. Os escravos trazidos de barco no século 18 subiam aqueles degraus, deixando a família para trás para iniciar uma vida de tratamento desumano. No alto, há um memorial a esses escravos. Árvores de cedro foram entalhadas no formato de mulheres olhando para o mar, em direção à sua terra natal e à família que perderam. E cada escultura carrega marcas do chicote do capataz.

As esculturas de mulheres lamentando o que perderam me lembram da importância de reconhecermos as injustiças e os sistemas falidos do mundo, e de lamentá-los. Lamentar não significa desesperar; ao contrário, é uma forma de ser sincero com Deus. Deveria ser uma postura comum aos cristãos; cerca de 40% dos Salmos são de lamento, e no livro de Lamentações, o povo de Deus clama por Ele após suas cidades terem sido destruídas por invasores (v.55).

Lamentar é uma reação legítima à existência do sofrimento, e coloca Deus no contexto da dor e do problema. Por fim, o lamento é esperança: quando lamentamos o que não está certo, chamamos a nós e aos outros à pro-atividade na busca de mudança.

E é por isso que o jardim de esculturas em Nassau recebeu o nome de "Gênesis" — o lugar de lamento é reconhecido como o lugar de novos começos.

ALP

Podemos confiar em Deus para trazer algo novo dos nossos períodos de lamento.

A HOPEFUL LAMENT

Read: Lamentations 3:49-58

I called on your name, LORD, from the depths of the pit. v.55

To visit Clifton Heritage National Park in Nassau, Bahamas, is to revisit a tragic era in history. Where the land meets the water, stone steps lead up a cliff. Slaves brought to the Bahamas by ship in the eighteenth century would ascend these steps, often leaving family behind and entering a life of inhumane treatment. At the top, there is a memorial to those slaves. Cedar trees have been carved into the shapes of women looking out to sea toward the homeland and family members they've lost. Each sculpture is scarred with marks of the slave captain's whip.

These sculptures of women mourning what they've lost remind me of the importance of recognizing the injustices and broken systems in the world, and lamenting them. Lamenting does not mean that we are without hope; rather, it's a way of being honest with God. It should be a familiar posture for Christians; about forty percent of the Psalms are psalms of lament, and in the book of Lamentations, God's people cry out to Him after their city has been destroyed by invaders (3:55).

Lament is a legitimate response to the reality of suffering, and it engages God in the context of pain and trouble. Ultimately, lament is hopeful: when we lament what is not right, we call ourselves and others to be active in seeking change.

And that's why the sculpture garden in Nassau has been named "Genesis" — the place of lament is recognized as the place of new beginnings.

ALP

We can trust God to bring something new out of our seasons of lament.

DIA 55

É BOM PARA VOCÊ?

Leritura: Salmo 119:65-72

Tu és bom e fazes somente o bem; ensina-me teus decretos. v.68

Por gostar de chocolate amargo, uma vez pesquisei no Google: "Chocolate amargo é bom para você?". E consegui vários resultados — alguns bons; outros ruins. Dá para fazer o mesmo com quase qualquer outro produto alimentício. Leite é bom para você? Café é bom para você? Arroz é bom para você? Existe uma variedade imensa de respostas para estas perguntas, e você deve ter a consciência de que a pesquisa pode não ser boa. Pode lhe dar uma imensa dor de cabeça!

Mas, se você está buscando algo que seja todo tempo 100% bom para você, posso recomendar a Palavra de Deus! Descubra o que ela é capaz de fazer na vida do seguidor de Jesus que está buscando edificar um relacionamento com Deus.

Pode mantê-lo puro (SALMO 119:9,11).
Abençoa (LUCAS 11:28).
Torna sábio (MATEUS 7:24).
Concede luz e entendimento (SALMO 119:130).
Pode ajudá-lo a crescer espiritualmente (1 PEDRO 2:2).

O nosso Deus é bom: "O SENHOR é bom para todos", diz o Salmo 145:9. Em Sua bondade, o Senhor concedeu um guia àqueles que o amam para ajudá-los a aprimorar o relacionamento com Ele. Ao tentar decidir como viver neste mundo cheio de escolhas, louvemos a Deus, pois nas Escrituras Ele nos diz o que é bom para nós. Declaremos com o salmista: "Como são doces as tuas palavras; são mais doces que o mel!" (SALMO 119:103). JDB

A Palavra de Deus é a única base sólida para a vida.

GOOD FOR YOU?

Read: Psalm 119:65-72

You are good, and what you do is good; teach me your decrees. v.68

Because I like dark chocolate, I once Googled "Is dark chocolate good for you?" I got a variety of results — some good, some bad. You can do the same for almost any food product. Is milk good for you? Is coffee good for you? Is rice good for you? There is a dizzying array of answers to these questions, so you have to be aware that the search itself may not be good for you. It may give you a headache!

But if you're looking for something that's one-hundred percent good for you all the time, can I recommend the Word of God? Listen to what it can do for the follower of Jesus who is seeking to build a relationship with God.

It can keep you pure (PSALM 119:9,11).
It blesses you (LUKE 11:28).
It makes you wise (MATTHEW 7:24).
It gives light and understanding (PSALM 119:130).
It helps you grow spiritually (1 PETER 2:2).

Our God is good: "The LORD is good to all," says Psalm 145:9. And in His goodness, He's provided those who love Him with a guide that helps us see how to enhance our relationship with Him. As we try to decide how to live in a world full of choices, praise God that He's told us in Scripture what's good for us. Let's say with the psalm-writer: "How sweet are your words to my taste, sweeter than honey to my mouth" (PSALM 119:103). *JDB*

God's Word is the only sure foundation for life.

QUEM ESTÁ DIRIGINDO?

Leitura: Romanos 6:1-14

Uma vez que vivemos pelo Espírito, sigamos a direção do Espírito em todas as áreas da nossa vida.
Gálatas 5:25

A fixado no painel do carro do meu vizinho tem um "monstrinho" baseado no livro infantojuvenil de Maurice Sendak *Onde Vivem os Monstros* (Cosac Naify, 2009). Certa vez, ele vinha logo atrás do meu carro e fez movimentos abruptos para me seguir. Ao chegarmos, perguntei: "Era o monstrinho que dirigia?".

No domingo seguinte, esqueci as anotações da minha pregação em casa, e saí "voando" da igreja para buscá-las, passando por esse mesmo vizinho no caminho. Ele brincou depois: "Era o monstrinho que dirigia?". Rimos, mas isso me atingiu — eu deveria ter atentado para o limite de velocidade.

Quando a Bíblia descreve o que significa viver o relacionamento com o Senhor, ela nos encoraja a nos entregarmos "inteiramente a Deus" (v.13). Naquele dia, a reação dele me fez perceber que eu deveria tirar o pé do acelerador e entregar o controle a Deus, pois devo me entregar "inteiramente" a Deus com amor.

Será que deixamos os monstrinhos da nossa natureza pecaminosa — preocupações, medos ou a vontade própria — dirigir? Será que entregamo-nos ao amoroso Espírito de Deus e à graça dele que nos auxilia em nosso crescimento?

É bom nos entregarmos a Deus. A Bíblia diz que a sabedoria divina nos conduz "por estradas agradáveis; [...] a uma vida de paz" (PROVÉRBIOS 3:17). É melhor ir por onde Ele conduz.   *JBB*

Senhor, agradeço-te pela graça que tu nos concedes para obedecer-te e por Tua paz.

Deus nos encoraja a cumprir o que Ele requer de nós.

WHO'S DRIVING?

Read: Romans 6:1-14

Since we live by the Spirit, let us keep in step with the Spirit. Galatians 5:25

My **neighbor** Tim has a figurine on his dashboard of a "wild thing" based on Maurice Sendak's beloved children's book *Where the Wild Things Are*.

Not long ago Tim was following me through traffic and made some abrupt moves to keep up. When we arrived, I asked, "Was that the 'wild thing' driving?"

The following Sunday I forgot my sermon notes at home. I "flew" out of the church to retrieve them, passing Tim along the way. When we met later, he joked, "Was that the wild thing driving?" We laughed, but his point hit home — I should have paid attention to the speed limit.

When the Bible describes what it means to live in a relationship with God, it encourages us to "offer every part of [ourselves]" to Him (ROMANS 6:13). I took Tim's response to me that day as a gentle reminder from God to yield my "lead foot," because I am to give all of myself to Him out of love.

The question of "who's driving?" applies to all of life. Do we let the "wild things" of our old sin nature drive us — like worry, fear, or self-will — or do we yield to God's loving Spirit and the grace that helps us grow?

Giving in to God is good for us. Scripture says that God's wisdom takes us down "pleasant ways, and all her paths are peace" (PROVERBS 3:17). Better to follow where He leads. *JBB*

Loving Lord, thank You for the grace You give us to obey You, and the peace You give us as we stay near.

What God requires He also inspires.

DIA 57

SEGUIDORES DO FILHO

Leitura: Lucas 8:11-15

E as que caíram em solo fértil representam os que, com coração bom e receptivo, ouvem a mensagem... v.15

Os girassóis são polinizados por abelhas e brotam despreocupadamente ao lado de rodovias, sob alimentadores de aves e nos campos. Para uma boa colheita, necessitam de solo fértil: boa drenagem, acidez e riqueza de nutrientes "com matéria orgânica ou compostagem". Finalmente, o solo produz saborosas sementes, óleo puro e também o meio de subsistência para os produtores que trabalham arduamente.

Nós também precisamos de "solo fértil" para o crescimento espiritual. Jesus ensinou em Sua parábola do semeador que a Palavra de Deus pode brotar mesmo entre as pedras ou espinhos (v.6,7). Mas só prospera em pessoas "com o coração bom e receptivo, [que] ouvem a mensagem, a aceitam e, com paciência, produzem uma grande colheita" (v.15).

O crescimento dos girassóis também é lento. Eles seguem o movimento solar ao longo do dia e diariamente se voltam para o Sol num processo chamado heliotropismo. Os girassóis mais amadurecidos são tão cautelosos quanto os recém-plantados. Voltam-se para o leste permanentemente, aquecendo a face da flor para melhorar a polinização resultando numa colheita ainda maior.

Que sejamos um solo fértil para a Palavra de Deus crescer, apegando-nos aos Seus ensinamentos e seguindo o Filho de Deus — desenvolvendo a honestidade e o "coração bom" para que as Escrituras nos aperfeiçoem. Esse processo é diário. Que sigamos a Cristo e cresçamos.

PR

Senhor, que Tua Palavra desenvolva diariamente uma boa colheita em minha vida.

SON FOLLOWERS

Read: Luke 8:11-15

The seed on good soil stands for those with a noble and good heart, who hear the word, retain it, and by persevering produce a crop. v.15

Sunflowers sprout in a carefree manner all over the world. Pollinated by bees, the plants spring up on the sides of highways, under bird feeders, and across fields, meadows, and prairies. To produce a harvest, however, sunflowers need good soil. Well-drained, slightly acidic, nutrient-rich soil "with organic matter or composted," says the Farmer's Almanac, finally produces tasty sunflower seeds, pure oil, and also a livelihood for hard-working sunflower growers.

We also need "good soil" for spiritual growth (LUKE 8:15). As Jesus taught in His parable of the farmer scattering seed, God's Word can sprout even in rocky or thorny soil (SEE VV.6,7). It only thrives, however, in the soil of "honest, good-hearted people who hear God's word, cling to it, and patiently produce a huge harvest" (v.15 NLT).

Young sunflowers are just as patient in their growth. Following the sun's movement throughout the day, they turn sunward daily in a process called heliotropism. Mature sunflowers are just as deliberate. They turn eastward permanently, warming the face of the flower and increasing visits from pollinator bees. This in turn produces a greater harvest.

As with those who care for sunflowers, we can provide a rich medium for God's Word to grow by clinging to His Word and following after His Son — developing honesty and a good heart for God's Word to mature us. It's a daily process. May we follow the Son and grow.   *PR*

Dear Lord, shine on me daily so your Word can develop a good harvest in me.

DIA **58**

CRIADOR E SUSTENTADOR

Leitura: Hebreus 1:1-4

O Filho irradia a glória de Deus [...] com sua palavra poderosa, sustenta todas as coisas... v.3

Trabalhando com vidro e pinças, o relojoeiro suíço Phillipe me explicou como ele separa, limpa e remonta as peças minúsculas de relógios mecânicos especiais. Olhando todas as peças complexas, Phillipe me mostrou o componente essencial do relógio: a mola principal, responsável por mover todas as engrenagens que fazem o relógio marcar o tempo. Sem ela, nem o relógio mais magistralmente projetado funcionará.

Na passagem de Hebreus, o escritor louva a Jesus por ser aquele por meio de quem Deus criou os Céus e a Terra. Como a complexidade do relógio especial, cada detalhe do nosso Universo foi criado por Jesus (v.2). Da vastidão do sistema solar à unicidade das nossas digitais, todas as coisas foram feitas por Ele.

Mais do que o Criador, Jesus, como a mola principal do relógio, é essencial para o funcionamento e o sucesso da criação. Sua presença "com sua palavra poderosa, sustenta todas as coisas" (v.3), mantendo tudo funcionando em conjunto em sua complexidade impressionante.

Ao ter a oportunidade de provar a beleza da criação hoje, lembre-se de que Ele "mantém tudo em harmonia"(COLOSSENSES 1:17). Que o reconhecimento do papel vital de Jesus em criar e sustentar o Universo resulte num coração alegre e numa resposta de louvor à Sua provisão contínua por nós. *LMS*

Somos gratos por tudo o que criaste e como cuidas de toda a criação e a sustentas.

CREATOR AND SUSTAINER

Read: Hebrews 1:1-4

The Son is the radiance of God's glory [...] sustaining all things by his powerful word. v.3

Working with a magnifying glass and tweezers, Swiss watchmaker Phillipe meticulously explained to me how he takes apart, cleans, and reassembles the tiny parts of specialty mechanical watches. Looking at all the intricate pieces, Phillipe showed me the essential component of the timepiece, the mainspring. The mainspring is the component that moves all the gears to allow the watch to keep time. Without it, even the most expertly designed watch will not function.

In a beautiful New Testament passage found in the book of Hebrews, the writer eloquently praises Jesus for being the one through whom God created the heavens and the earth. Like the intricacy of a specialty watch, every detail of our universe was created by Jesus (HEBREWS 1:2). From the vastness of the solar system to the uniqueness of our fingerprints, all things were made by Him.

But more than the Creator, Jesus, like a clock's mainspring, is essential for the function and flourishing of creation. His presence continually "[sustains] all things by his powerful word" (v.3), keeping all that He has created working together in all its amazing complexity.

As you have opportunity to experience the beauty of creation today, remember that "in him all things hold together" (COLOSSIANS 1:17). May the recognition of Jesus's central role in both creating and sustaining the universe result in a joyful heart and a response of praise as we acknowledge His ongoing provision for us. *LMS*

Lord Jesus, we're so grateful for all that You've created. Thank You for the ways You care for and sustain Your creation.

DIA 59

"PERTENÇO AO SENHOR"

Leitura: Isaías 44:1-5

...pois o seu Espírito confirma a nosso espírito que somos filhos de Deus. Romanos 8:16

É **fácil notar** que a "tatuagem" é muito popular nos dias de hoje. Algumas são quase imperceptíveis. Outras, em atletas, atores ou até mesmo em pessoas comuns, cobrem grande parte do corpo com tintas, palavras e desenhos multicoloridos. A tendência parece estar aqui para ficar, uma tendência que rendeu 3 bilhões de dólares em receitas em 2014 e um adicional de 66 milhões para a remoção de tatuagens.

Independentemente do que você pensa sobre tatuagens, Isaías 44 fala metaforicamente sobre os que escrevem "Pertenço ao Senhor" (v.5) em suas mãos. Essa "autotatuagem" é o auge dessa passagem que fala inteiramente sobre o cuidado do Senhor por quem Ele escolheu. O povo de Israel podia contar com a Sua ajuda; e as suas terras e descendentes seriam abençoados (vv.1-3). "Pertenço ao Senhor" são palavras simples e poderosas, que afirmavam que o Seu povo sabia que lhe pertencia e que Ele cuidaria delas.

Os que vêm a Deus através da fé em Jesus Cristo podem confiantemente dizer de si mesmos: "Pertenço ao Senhor!". Somos o Seu povo, as Suas ovelhas, a Sua descendência, herança e morada. Nas variadas etapas da vida, apegamo-nos a essa verdade. Embora não tenhamos marcas externas ou tatuagens, podemos nos encorajar, pois temos em nosso coração o testemunho do Espírito de Deus de que pertencemos a Ele (ROMANOS 8:16,17).   ALJ

Pai, Teu amor e cuidado estão ao meu redor
e Teu Espírito vive em mim.

O fato de você pertencer a Deus afeta o seu jeito de viver?

"THE LORD'S"

Read: Isaiah 44:1-5

The Spirit himself testifies with our spirit that we are God's children. Romans 8:16

It doesn't take much to notice that getting "inked" is very popular these days. Some tattoos are so small that one barely notices them. Others — from athletes to actors to everyday people — have opted to cover much of their bodies with multicolored inks, words, and designs. The trend seems like it's here to stay, a trend that netted $3 billion in revenue in 2014 — and an additional $66 million for tattoo removal.

Regardless of how you may feel about tattoos, Isaiah 44 speaks metaphorically about people writing something on their hands: "The Lord's" (v.5). This "self-tattoo" is the climax of an entire paragraph that speaks of the Lord's care for those He had chosen (v.1). They could count on His help (v.2); and their land and descendants were marked for blessing (v.3). Two simple, powerful words, "The Lord's," affirmed that God's people knew they were His possession and that He would take care of them.

Those who come to God through faith in Jesus Christ can confidently say of themselves, "The Lord's!" We are His people, His sheep, His offspring, His inheritance, His dwelling. These are the things we cling to in the varied seasons of life. While we may have no external mark or tattoo, we can take heart that we have the witness of God's Spirit in our hearts that we belong to Him (SEE ROMANS 8:16,17). ALJ

Father, the expressions of Your love and care are all around me and Your Spirit lives within me. Thank You!

How can the truth that you belong to God impact how you live?

DIA **60**

EM ABUNDÂNCIA OU AFLIÇÃO

Leitura: Jó 1:13-22

O SENHOR me deu o que eu tinha, e o SENHOR tomou. Louvado seja o nome do SENHOR. v.21

O livro *One Thousand Gifts* (Mil Presentes), de Ann Voskamp, incentiva os leitores a descobrirem todos os dias o que o Senhor fez por eles. Ela observa diariamente a generosidade de Deus em grandes e pequenas dádivas, variando da simples beleza de bolhas de sabão à incomparável salvação de pecadores como ela (e nós!). Afirma que a gratidão é a chave para ver Deus nos momentos mais conturbados da vida.

Jó é conhecido por seus momentos "perturbadores". As perdas dele foram profundas e abundantes. Logo após perder todo o seu gado, ele soube da morte simultânea de todos os seus dez filhos. Jó demonstrou o seu profundo pesar: "rasgou seu manto. Depois, raspou a cabeça" (v.20). Suas palavras naquela hora dolorosa me fazem crer que ele sabia agradecer, pois reconheceu que Deus lhe dera tudo o que agora havia perdido (v.21). De que outra forma Jó poderia adorar em meio a essa dor dilacerante?

A gratidão diária não pode apagar a magnitude da dor que sentimos nas perdas que sofremos. Jó protestou e brigou com sua dor como o restante do livro descreve. Porém, quando nós reconhecemos a bondade de Deus para nós, mesmo do menor dos modos, isso pode nos motivar a nos curvarmos em adoração diante de nosso Deus Todo-Poderoso nas horas mais sombrias de nossa vida terrena. *KHH*

Deus, ajuda-me a reconhecer Tua generosidade,
mesmo nas menores coisas
e a confiar em tempos de perdas e dificuldades.

Praticar regularmente a gratidão muda a sua vida diária

IN ABUNDANCE OR AFFLICTION

Read: Job 1:13-22

The LORD gave and the LORD has taken away; may the name of the LORD be praised. v.21

Ann Voskamp's book *One Thousand Gifts* encourages readers to search their lives each day for what the Lord has done for them. In it, she daily notes God's abundant generosity to her in gifts both large and small, ranging from the simple beauty of iridescent bubbles in the dish sink to the incomparable salvation of sinners like herself (and the rest of us!). Ann contends that gratitude is the key to seeing God in even the most troubling of life's moments.

Job is famous for a life of such "troubling" moments. Indeed, his losses were deep and many. Just moments after losing all his livestock, he learns of the simultaneous death of all his ten children. Job's profound grief was evidenced in his response: he "tore his robe and shaved his head" (1:20). His words in that painful hour make me think Job knew the practice of gratitude, for he acknowledges that God had given him everything he'd lost (v.21). How else could he worship in the midst of such incapacitating grief?

The practice of daily gratitude can't erase the magnitude of pain we feel in seasons of loss. Job questioned and grappled through his grief as the rest of the book describes. But recognizing God's goodness to us — in even the smallest of ways — *can* prepare us to kneel in worship before our all-powerful God in the darkest hours of our earthly lives. KHH

O God, You are the Giver of all good things.
Help me to recognize Your generosity in even the smallest
ways and to trust You in seasons of loss and hardship.

Watch how the regular practice of thankfulness changes your daily life.

DIA 61

QUAL É A SUA PAIXÃO?

Leitura: Salmo 20:6-9

Alguns povos confiam em carros de guerra, outros, em cavalos, mas nós confiamos no nome do SENHOR... v.7

O caixa de um banco tem em sua cabine de vidro a foto de um automóvel conversível de alta performance da década de 60.

Certo dia, durante uma transação bancária, perguntei-lhe se era o carro dele. — Não, mas é a minha paixão, minha razão de levantar todas as manhãs e vir trabalhar. Um dia terei um desses, ele respondeu.

Entendo a paixão desse jovem. Um amigo meu tinha um conversível igual, e eu o dirigi uma vez! Que máquina! Mas um carro, assim como tudo neste mundo, não vale uma vida. Os que confiam em coisas, e não em Deus "perdem as forças e caem", diz o salmista (v.8).

Isso porque fomos feitos para Deus e nada mais tem valor — uma verdade que validamos em nossa experiência diária. Compramos isso ou aquilo porque achamos que essas coisas nos deixarão felizes, porém, como uma criança que ganha uma dúzia, ou mais, de presentes no Natal, nos perguntamos: "É só isso?". Sempre está faltando algo.

Nada que este mundo tenha a nos oferecer — mesmo coisas muito boas — nos satisfazem completamente. Temos certa alegria nelas, mas nossa felicidade logo se esvai (1 JOÃO 2:17). "Deus não pode nos dar alegria e paz fora dele mesmo", concluiu C. S. Lewis. "Isso não existe".

DHR

Encontrei Aquele por quem minha alma há tanto tempo ansiava! Jesus satisfaz meus anseios — por Seu sangue agora sou salva. CLARA WILLIAMS

Em cada coração há um anseio que só Jesus satisfaz.

WHAT'S YOUR PASSION?

Read: Psalm 20:6-9

Some trust in chariots and some in horses, but we trust in the name of the LORD our God. v.7

One of the tellers at my bank has a photograph of a Shelby Cobra roadster on his window. (The Cobra is a high-performance automobile built by the Ford Motor Company.)

One day, while transacting business at the bank, I asked him if that was his car. "No," he replied, "that's my passion, my reason to get up every morning and go to work. I'm going to own one someday."

I understand this young man's passion. A friend of mine owned a Cobra, and I drove it on one occasion! It's a mean machine! But a Cobra, like everything else in this world, isn't worth living for. Those who trust in things apart from God "are brought to their knees and fall," according to the psalmist (PSALM 20:8).

That's because we were made for God and nothing else will do — a truth we validate in our experience every day: We buy this or that because we think these things will make us happy, but like a child receiving a dozen Christmas presents or more, we ask ourselves, "Is this all?" Something is always missing.

Nothing this world has to offer us—even very good things — fully satisfies us. There is a measure of enjoyment in them, but our happiness soon fades away (1 JOHN 2:17). Indeed, "God cannot give us happiness and peace apart from Himself," C. S. Lewis concluded. "There is no such thing." *DHR*

> *I have found Him whom my soul*
> *so long has craved! Jesus satisfies my longings*
> *—through His blood I now am saved.* CLARA WILLIAMS

There is a longing in every heart that only Jesus can satisfy.

DIA **62**

CANÇÃO DA CRIAÇÃO

Leitura: Salmo 19:1-6

Os céus proclamam a glória de Deus; o firmamento demonstra a habilidade de suas mãos. v.1

Com a astronomia acústica, os cientistas observam e ouvem os sons e pulsos do espaço. Eles descobriram que as estrelas não orbitam em silêncio no céu, mas geram música. Assim como os sons da baleia jubarte, a ressonância das estrelas existe em comprimentos de onda ou frequências que podem não ser ouvidas pelo ouvido humano. Mas a música das estrelas, das baleias e de outras criaturas se combina para criar uma sinfonia que proclama a grandeza de Deus.

Salmo 19:1-4 diz: "Os céus proclamam a glória de Deus; o firmamento demonstra a habilidade de suas mãos. Dia após dia, eles continuam a falar; noite após noite, eles o tornam conhecido. Não há som nem palavras, nunca se ouve o que eles dizem. Sua mensagem, porém, chegou a toda a terra, e suas palavras, aos confins do mundo".

O apóstolo Paulo revela que, por meio de Jesus, "todas as coisas foram criadas, tanto nos céus como na terra, todas as coisas que podemos ver e as que não podemos [...] Tudo foi criado por meio dele e para ele" (COLOSSENSES 1:16). Em resposta, as alturas e profundidades do mundo cantam ao Criador. Que nos juntemos à criação para cantar a grandeza daquele que "mediu os céus com os dedos" (ISAÍAS 40:12). ROO

*Grandioso Deus, abre os meus olhos
para te ver na majestade da criação e abre o meu coração
para te louvar como mereces.*

Todas as coisas criadas louvem o nome do Senhor, pois ele ordenou, e elas vieram a existir. SALMO 148:5

CREATION'S SONG

Read: Psalm 19:1-6

The heavens declare the glory of God; the skies proclaim the work of his hands. v.1

Using acoustic astronomy, scientists can observe and listen to the sounds and pulses of space. They've found that stars don't orbit in silence in the mysterious night sky, but rather generate music. Like humpback whale sounds, the resonance of stars exists at wavelengths or frequencies that may not be heard by the human ear. Yet, the music of stars and whales and other creatures combine to create a symphony that proclaims the greatness of God.

Psalm 19:1-4 says, "The heavens declare the glory of God; the skies proclaim the work of his hands. Day after day they pour forth speech; night after night they reveal knowledge. They have no speech, they use no words; no sound is heard from them. Yet their voice goes out into all the earth, their words to the ends of the world."

In the New Testament, the apostle Paul reveals that in Jesus "all things were created: things in heaven and on earth, visible and invisible [...] all things have been created through him and for him" (COLOSSIANS 1:16). In response, the natural world's heights and depths sing to its Maker. May we join creation and sing out the greatness of the One who "with the breadth of his hand marked off the [vast] heavens" (ISAIAH 40:12). ROO

How great You are, O God! Open my eyes to see You in creation's majesty and open my heart to offer the praise You deserve.

Let [us] praise the name of the LORD, for at His command [we] were created. PSALM 148:5

DESCOBRINDO O MEU VERDADEIRO EU

Leitura: 1 João 2:28-3:3

Sabemos, porém, que seremos semelhantes a ele [a Jesus], pois o veremos como ele realmente é. v.2

Quem sou eu? Essa é a pergunta que um animal de pelúcia desbotado faz a si mesmo no livro infantil *Nothing* (Nada), de Mick Inkpen. Abandonado num canto empoeirado do sótão, o animal ouve quando o chamam de "nada" e acha que esse é o seu nome: Nada.

Encontros com outros animais despertam lembranças. Nada percebe que ele costumava ter cauda, bigodes e listras. Porém, ele só se lembra de quem realmente é quando conhece um gato malhado que o ajuda a encontrar o caminho de casa. Aí então, Nada se lembra de sua identidade: ele é um gato de pelúcia chamado Toby. Depois disso, o dono dele carinhosamente o restaura, costurando nele novas orelhas, cauda, bigodes e listras.

Sempre que leio esse livro, penso em minha própria identidade. *Quem sou eu?* Escrevendo para os cristãos, João afirmou que Deus nos chamou de filhos (3:1). Não entendemos totalmente essa identidade, mas, quando virmos Jesus, seremos semelhantes a Ele (v.2). Assim como o gato Toby, um dia seremos restaurados à identidade planejada para nós, a qual foi prejudicada pelo pecado. Hoje, podemos compreender essa identidade apenas parcialmente e podemos reconhecer a imagem de Deus uns nos outros. Porém, no dia em que virmos Jesus, seremos completamente restaurados à identidade que Deus planejou para nós. Seremos novas criaturas. *ALP*

Onde eu encontro a minha identidade?
De acordo com as Escrituras, de que forma Deus me vê?

Somos gratos a Deus por Ele nos resgatar e nos restaurar.

DISCOVERING MY TRUE SELF

Read: 1 John 2:28–3:3

We know that when Christ appears, we shall be like him, for we shall see him as he is. v.2

Who am I? That's the question a faded stuffed animal asks himself in the children's book Nothing by Mick Inkpen. Left in a dusty corner of an attic, the animal hears movers call him *"nothing"* and thinks that's his name: Nothing.

Encounters with other animals spark memories. Nothing realizes that he used to have a tail, whiskers, and stripes. But it's not until he meets a tabby cat who helps him find his way home that Nothing remembers who he truly is: a stuffed cat named Toby. His owner lovingly restores him, sewing on new ears, tail, whiskers, and stripes.

Whenever I read this book, I think about my own identity. *Who am I?* John, writing to believers, said that God has called us His children (1 JOHN 3:1). We don't fully understand that identity, but when we see Jesus, we will be like him (v.2). Just like Toby the cat, we will one day be restored to the identity intended for us, which has been marred by sin. For now, we can understand that identity in part, and we can recognize the image of God in each other. But one day, when we see Jesus, we will be fully restored to the identity God intended for us. We will be made new.   ALP

Where do I find my identity?
According to Scripture, how does God view me?

God, thank You for rescuing us and restoring us.

DIA 64

ESPERE ATRASOS

Leitura: Provérbios 16:1-3, 9

É da natureza humana fazer planos, mas é o Senhor quem dirige nossos passos. v.9

Eu já estava atrasado, mas a placa à frente me instruía a ajustar minhas expectativas: "Possíveis atrasos". O tráfego estava lento. Dei risada, pois espero que tudo funcione no meu cronograma ideal; não espero obras na estrada.

Num nível espiritual, poucos de nós planejamos crises que desacelerem ou redirecionem a nossa vida. Ao pensar nisso, lembro-me de muitas vezes em que as circunstâncias me redirecionaram. Atrasos acontecem.

Salomão nunca viu uma placa dessas, mas, em Provérbios 16, ele contrasta nossos planos com a direção de Deus. Uma versão bíblica parafraseou o versículo 1: "As pessoas podem fazer seus planos, porém é o Senhor Deus quem dá a última palavra". E reafirma essa ideia no versículo 9: "A pessoa faz os seus planos, mas quem dirige a sua vida é Deus". Em outras palavras, temos ideias do que deveria acontecer, mas, às vezes, Deus tem outro caminho para nós.

Como eu perco de vista essa verdade espiritual? Eu faço planos, mas me esqueço às vezes de lhe perguntar quais são os Seus planos. E me frustro com as interrupções.

Mas, em vez dessa preocupação, que possamos, como ensina Salomão, simplesmente confiar que Deus nos guia, passo a passo, quando o buscarmos em oração, esperando Sua direção e permitindo-lhe continuamente nos redirecionar. ARH

Como você enfrenta os atrasos e retornos inesperados?
Quando surgem as frustrações,
o que o ajuda a voltar-se para Deus e a confiar mais nele?

Substitua a ansiedade pela confiança.
Deus guiará o seu caminho.

EXPECT DELAYS

Read: Proverbs 16:1-3,9

In their hearts humans plan their course, but the LORD establishes their steps. v.9

Are you kidding me? I was already late. But the road sign ahead instructed me to adjust my expectations: "Expect Delays," it announced. Traffic was slowing down.

I had to laugh: I expect things to work on my ideal timeline; I don't expect road construction.

On a spiritual level, few of us plan for crises that slow us down or reroute our lives. Yet, if I think about it, I can recall many times when circumstances redirected me—in big ways and small. Delays happen.

Solomon never saw a sign that said, "Expect Delays." But in Proverbs 16, he does contrast our plans with God's providential guidance. *The Message* paraphrases verse 1 as follows: "Mortals make elaborate plans, but GOD has the last word." Solomon restates that idea in verse 9, where he adds that even though we "plan [our] course [...] the LORD establishes [our] steps." In other words, we have ideas about what's supposed to happen, but sometimes God has another path for us.

How do I lose track of this spiritual truth? I make my plans, sometimes forgetting to ask Him what His plans are. I get frustrated when interruptions interfere.

But in place of that worrying, we could, as Solomon teaches, grow in simply trusting that God guides us, step-by-step, as we prayerfully seek Him, await His leading, and — yes — allow Him to continually redirect us.

ARH

How do you typically face unexpected delays and detours? When frustrations come, what will help you lean into God and trust Him more?

Trade anxiety for trust. God will guide your way.

DIA 65

TUDO QUE VOCÊ FEZ

Leitura: Provérbios 16:1-9

Confie ao Senhor tudo que você faz, e seus planos serão bem-sucedidos. v.3

Em *Surpreendido pela Alegria* (Mundo Cristão, 1998), C. S. Lewis conta que abraçou o cristianismo aos 33 anos, "chutando, lutando, ressentido e buscando um escape em todas as direções". Apesar de sua resistência, das deficiências e obstáculos que enfrentou, o Senhor o transformou em um corajoso e criativo defensor da fé. Lewis proclamou a verdade e o amor de Deus em ensaios e romances que ainda são lidos, estudados e compartilhados há mais de 55 anos após sua morte. A vida dele refletiu a crença de que "nunca somos velhos demais para definir outro objetivo ou sonhar com novas realizações".

À medida que planejamos e perseguimos os nossos sonhos, Deus pode purificar os nossos motivos e nos capacitar a dedicar-lhe tudo o que fizermos. Das tarefas comuns aos maiores desafios, podemos viver para a glória do nosso Criador Todo-Poderoso, que "fez tudo com propósito". Toda ação, palavra e pensamento podem tornar-se uma expressão de adoração sincera, uma dádiva de sacrifício para honrar nosso Senhor, enquanto Ele cuida de nós (vv.3,4⁷).

Deus não pode ser limitado por nossas restrições, reservas ou tendências de nos acomodarmos ou sonharmos pequeno. Ao escolhermos viver para Ele, dedicados e dependentes dele, Deus cumprirá os Seus planos para nós. Tudo o que fazemos pode ser feito com Ele, por Ele e somente por causa dele. XED

*Quais passos você dará para honrar a Deus
ao seguir um sonho que Ele colocou em seu coração?*

**Senhor, obrigado por nos lembrares
de que nada é pequeno ou grande demais
em Teu maravilhoso reino.**

WHATEVER WE DO

Read: Proverbs 16:1-9

Commit to the Lord whatever you do, and he will establish your plans. v.3

In *Surprised by Joy*, C. S. Lewis confessed he came to Christianity at the age of thirty-three, "kicking, struggling, resentful, and darting his eyes in every direction for a chance to escape." Despite Lewis's own personal resistance, his shortcomings, and the obstacles he faced, the Lord transformed him into a courageous and creative defender of the faith. Lewis proclaimed God's truth and love through writing powerful essays and novels that are still being read, studied, and shared more than fifty-five years after his death. His life reflected his belief that a person is "never too old to set another goal or dream a new dream."

As we make plans and follow dreams, God can purify our motives and empower us to devote whatever we do to Him (PROVERBS 16:1-3). From the most ordinary tasks to the greatest challenges, we can live for the glory of our almighty Maker, who "works out everything to its proper end" (v.4). Every action, every word, and every thought can become an expression of heartfelt worship, a sacrificial gift to honor our Lord, as He watches over us (v.7).

God can't be limited by our limitations, our reservations, or our tendencies to settle or dream small. As we choose to live for Him — dedicated to and dependent on Him — He will bring about His plans for us. Whatever we do can be done with Him, for Him, and only because of Him.   XED

What steps can you take to honor God as you follow a dream He's placed on your heart?

God, thank You for reminding us that no jobs are too small and no dreams are too big in Your great kingdom.

DIA 66

ALGO PARA SE GABAR

Leitura: Jeremias 9:23-26

...Que o sábio não se orgulhe de sua sabedoria, nem o poderoso de seu poder, nem o rico de suas riquezas. v.23

O que significa ser real? Essa é a grande questão respondida no clássico livro infantil *O coelho de veludo* (Ed. Poetisa, 2015). Essa é a história dos brinquedos numa creche e da jornada do coelho de veludo para se tornar real, permitindo-se ser amado por uma criança. Um dos outros brinquedos é o velho e sábio *Skin Horse*. Ele "tinha visto uma longa sucessão de brinquedos mecânicos chegarem para se gabar e aos poucos falharem... e serem esquecidos". Esses brinquedos e seus sons pareciam impressionantes, mas o orgulho acabava e era inútil quando se tratava de amor.

O orgulho começa forte; mas no final, sempre desvanece. Jeremias lista três áreas onde isso é evidente: "sabedoria... poder... riquezas" (v.23). O sábio e velho profeta tinha vivido tempo suficiente para saber algumas coisas, e ele contra-atacava com a verdade do Senhor: "Aquele que deseja se orgulhar, que se orgulhe somente disto: de me conhecer e entender que eu sou o Senhor..." (v.24). Que nos lembremos das palavras do profeta Jeremias.

Que nós, os filhos, nos orgulhemos de Deus, nosso bom Pai. No desdobramento da história do Seu grande amor, essa é a maneira maravilhosa como você e eu crescemos para nos tornar mais e mais reais.

JB

Pense em alguém que você conhece
e que seja capaz de "se orgulhar no Senhor".
De que maneira você pode seguir esse exemplo?

Pai, que o meu único orgulho
esteja em conhecer o Teu grande e eterno amor.

SOMETHING TO BRAG ABOUT

Read: Jeremiah 9:23-26

Let not the wise boast of their wisdom or the strong boast of their strength or the rich boast of their riches. v.23

What does it mean to be real? That's the very big question answered in the small children's book *The Velveteen Rabbit*. It's the story of toys in a nursery and the velveteen rabbit's journey to become real by allowing himself to be loved by a child. One of the other toys is the old and wise Skin Horse. He "had seen a long succession of mechanical toys arrive to boast and swagger, and by and by break… and pass away." They looked and sounded impressive, but their bragging eventually amounted to nothing when it came to love.

Boasting starts out strong; but in the end, it always fades away. Jeremiah lists three areas where this is evident: "wisdom […] strength […] riches" (JEREMIAH 9:23). The wise old prophet had been around long enough to know a thing or two, and he countered such boasting with the Lord's truth: "But let the one who boasts boast about this: that they have the understanding to know me, that I am the LORD" (v.24).

Let us, the children, brag about God, our good Father. In the unfolding story of His great love, it's the wonderful way you and I grow to become more and more real. *JB*

*Think of a person you know
who embodies the ability to "boast in the Lord."
What is one way this week you can follow their example?*

**Father, help me to remember Jeremiah's words.
May my only boasting be in the knowledge of You
and Your great love which endures forever.**

DIA **67**

PRECIOSO

Leitura: Salmo 16:1-11

Eu disse ao SENHOR: "Tu és meu Senhor! Tudo que tenho de bom vem de ti". v.2

"**M**eu precioso...". Retratado primeiro na trilogia *O Senhor dos Anéis*, de Tolkien, a imagem da emaciada criatura Gollum em sua obsessão com o *"precioso anel do poder"* tornou-se um ícone hoje — por ganância, obsessão, até insanidade.

É também uma imagem problemática. Em sua atormentada relação de amor e ódio com o anel e consigo mesmo, a voz de Gollum ecoa a fome em nosso coração. Seja direcionada a algo em particular, ou apenas um desejo vago por "mais", temos certeza de que, uma vez que finalmente conseguirmos o que nos é "precioso", ficaremos satisfeitos. Mas, em vez disso, o que pensávamos que nos tornaria completos nos deixa ainda mais vazios do que antes.

Há uma maneira melhor de viver. Como Davi expressa no Salmo 16, quando os anseios do coração ameaçam nos enviar numa busca fútil e desesperada por satisfação (v.4), podemos nos lembrar de nos voltar a Deus por refúgio (v.1), lembrando-nos de que distantes dele nada temos (v.2).

E à medida que os nossos olhos deixam de procurar satisfação "lá fora" para contemplar a beleza de Deus (v.8), finalmente encontramo-nos experimentando o verdadeiro contentamento — a vida de prazer na alegria da presença de Deus, andando com Ele a cada momento no "caminho da vida" — agora e para sempre (v.11). MRB

Deus, perdoa-me por pensar
que posso encontrar o que preciso neste mundo.
Que eu caminhe sempre contigo.

PRECIOUS

Read: Psalm 16:1-11

You are my Lord; apart from you I have no good thing. v.2

"*My precious...*" First portrayed in Tolkien's *Lord of the Rings* trilogy, the image of the emaciated creature Gollum in his maniacal obsession with the "*precious ring of power*" has become an iconic one today — for greed, obsession, even insanity.

It's also a troublingly relatable image. In his tormented love-hate relationship with both the ring and with himself, Gollum's voice echoes the hunger in our own hearts. Whether it's directed at one thing in particular, or just a vague longing for "more," we're sure that once we finally get our own "precious," we'll be satisfied. But instead, what we thought would make us whole leaves us feeling even emptier than before.

There's a better way to live. As David expresses in Psalm 16, when the longings in our hearts threaten to send us on a desperate, futile quest for satisfaction (v.4), we can remember to turn to God for refuge (v.1), reminding ourselves that apart from Him we have nothing (v.2).

And as our eyes stop looking for satisfaction "out there" to gaze instead on God's beauty (v.8), we find ourselves finally tasting true contentment — a life of basking in the "joy [of God's] presence," walking with Him each moment in "the way of life" — now and forever (v.11 NLT). *MRB*

God, forgive me for thinking
I can find what I need apart from You. Draw me
to Your side to live in the joy of walking with You.

DIA **68**

ATMOSFERA DE ENCORAJAMENTO

Leitura: Romanos 15:1-7

Devemos agradar ao próximo [...] com a edificação deles como alvo. v.2

Sinto-me animado sempre que visito a academia perto de casa. Naquele lugar movimentado, sou cercado por outras pessoas que estão lutando para melhorar sua saúde física. As placas nos relembram que não devemos julgar, mas que as palavras e ações que revelam apoio aos esforços alheios são sempre bem-vindas.

Que ótima imagem de como as coisas deveriam ser na esfera espiritual da vida! Aqueles que estão lutando para "entrar em forma" espiritualmente, crescer na fé, podem às vezes se sentir excluídos, porque não são espiritualmente tão aptos — à medida que amadurecem no caminho com Jesus quanto os outros.

Paulo nos deu esta sugestão direta: "animem e edifiquem uns aos outros" (1 TESSALONICENSES 5:11). E aos cristãos de Roma, escreveu: "Devemos agradar ao próximo [...] com a edificação deles como alvo" (v.2). Reconhecendo que nosso Pai é tão generoso conosco, mostremos a graça divina aos outros com ações e palavras de encorajamento.

Ao "aceitar uns aos outros" (v.7), que confiemos nosso crescimento espiritual a Deus — à obra de Seu Espírito. E, buscando segui-lo diariamente, que possamos criar uma atmosfera de encorajamento para os nossos irmãos e irmãs em Jesus enquanto eles também buscam crescer na fé. *JDB*

Senhor, ajuda-me hoje
a encorajar outras pessoas ao longo do caminho.
Guia-me para dizer palavras que não as desanimarão,
mas as levarão a caminhar contigo no Teu amor.

Uma palavra de ânimo pode fazer a diferença entre desistir e prosseguir.

ATMOSPHERE OF ENCOURAGEMENT

Read: Romans 15:1-7

Each of us should please our neighbors for their good, to build them up. v.2

I'm encouraged every time I visit the fitness center near our house. In that busy place, I'm surrounded by others who are striving to improve their physical health and strength. Posted signs remind us not to judge each other, but words and actions that reveal support for others' conditioning efforts are always welcomed.

What a great picture of how things should look in the spiritual realm of life! Those of us who are striving to "get in shape" spiritually, to grow in our faith, can sometimes feel as if we don't belong because we're not as spiritually fit — as mature in our walk with Jesus — as someone else.

Paul gave us this short, direct suggestion: "Encourage one another and build each other up" (1 THESSALONIANS 5:11). And to the believers in Rome he wrote: "Each of us should please our neighbors for their good, to build them up" (ROMANS 15:2). Recognizing that our Father is so lovingly gracious with us, let's show God's grace to others with encouraging words and actions.

As we "accept one another" (v.7), let's entrust our spiritual growth to God — to the work of His Spirit. And while we daily seek to follow Him, may we create an atmosphere of encouragement for our brothers and sisters in Jesus as they also seek to grow in their faith. *JDB*

Lord, help me today to encourage others along the way.
Guide me to say what will not discourage but will spur them
toward a deeper walk with You in Your love.

A word of encouragement can make the difference between giving up and pressing on.

VIVENDO NA HISTÓRIA DE DEUS

Leitura: Romanos 13:8-14

A noite está quase acabando, e logo vem o dia. v.12

Perguntaram a Ernest Hemingway se ele poderia escrever uma história envolvente em sete palavras. A resposta dele: "À venda: sapatinhos de bebês. Nunca usados". A história de Hemingway é poderosa porque nos inspira a completar os detalhes. Será que o bebê saudável já não precisava dos sapatinhos? Ou houve uma perda trágica, algo que precisasse do amor e do consolo de Deus?

As melhores histórias atiçam a nossa imaginação; por isso, não é surpresa que a maior história já contada acenda a chama da imaginação. A história de Deus tem uma trama central: Ele criou todas as coisas; nós (a raça humana) caímos em pecado; Jesus veio ao mundo, morreu e ressuscitou para nos salvar dos nossos pecados; e hoje esperamos a Sua volta e a restauração de todas as coisas.

Sabendo o que veio antes e o que está para vir, como devemos viver o hoje? Se Jesus está resgatando toda a Sua criação das garras do mal, devemos deixar "de lado as obras das trevas" (v.12). Isso inclui afastar-se do pecado pelo poder de Deus e escolher amar a Ele e aos outros (vv.8-10).

As formas específicas pelas quais lutamos com Jesus contra o mal vão depender dos dons que temos e das necessidades que vemos. Usemos a imaginação e olhemos ao nosso redor. Procuremos os feridos e os que choram e levemos o amor, a justiça e o consolo de Deus conforme Ele nos guiar. *MEW*

Pai, que o Teu reino venha sobre mim.

Desempenhe o seu papel na história de Deus conforme Ele o conduz.

LIVING IN GOD'S STORY

Read: Romans 13:8-14

The night is nearly over; the day is almost here. v.12

Ernest Hemingway was asked if he could write a compelling story in six words. His response: "For sale: Baby shoes. Never worn." Hemingway's story is powerful because it inspires us to fill in the details. Were the shoes simply not needed by a healthy child? Or was there a tragic loss—something requiring God's deep love and comfort?

The best stories pique our imagination, so it's no surprise that the greatest story ever told stokes the fires of our creativity. God's story has a central plot: He created all things; we (the human race) fell into sin; Jesus came to earth and died and rose again to save us from our sins; and we now await His return and the restoration of all things.

Knowing what has come before and what lies ahead, how should we now live? If Jesus is restoring His entire creation from the clutches of evil, we must "put aside the deeds of darkness and put on the armor of light" (ROMANS 13:12). This includes turning from sin by God's power and choosing to love Him and others well (vv.8-10).

The specific ways we fight with Jesus against evil will depend on what gifts we have and what needs we see. Let's use our imagination and look around us. Let's seek out the wounded and weeping, and extend God's justice, love, and comfort as He guides us.

MEW

Father, may Your kingdom come and may it come in me.

Live out your role in God's story as He leads you.

DIA 70

SEM COMPARAÇÃO

Leitura: João 21:17-25

O contentamento dá saúde ao corpo; a inveja é como câncer nos ossos. Provérbios 14:30

"Um dia desses, vou postar *tudo* no *Facebook* — não apenas as coisas boas!" O comentário da minha amiga Sara ao seu marido fez-me rir e pensar. As redes sociais podem ser algo bom, ajudando-nos a manter contato com os amigos e a orar pelos que estão distantes. Mas também podem criar uma perspectiva irrealista da vida. Quando vemos somente posts de "coisas boas", podemos pensar que a vida dos outros não tem problemas e questionar por que a nossa deu errado.

Comparar-se com os outros é a receita para a infelicidade. Quando os discípulos se compararam (LUCAS 9:46; 22:24), Jesus rapidamente desestimulou essa atitude. Após ressuscitar, Ele disse a Pedro como este sofreria por sua fé. O discípulo então se voltou para João e perguntou: "Senhor, e quanto a ele?". Jesus respondeu: "Se eu quiser que ele permaneça vivo até eu voltar, o que lhe importa? Quanto a você, siga-me" (JOÃO 21:21,22).

Jesus lhe mostrou o melhor remédio para as comparações prejudiciais. Quando a nossa mente está direcionada a Deus e em tudo o que Ele fez por nós, os pensamentos egoístas aos poucos vão embora, e ansiamos por segui-lo. No lugar do estresse e da pressão do mundo, o Senhor nos concede a Sua amorosa presença e paz. Nada pode comparar-se a Ele. JBB

De que forma podemos usar as redes sociais de maneira que honre ao Senhor? Como o relacionamento verdadeiro com Deus pode impedi-lo de fazer comparações prejudiciais?

A comparação rouba a alegria. THEODORE ROOSEVELT

NO COMPARISON

Read: John 21:17-25

A heart at peace gives life to the body, but envy rots the bones. Proverbs 14:30

"**One of** these days I'm going to put it all on Facebook — *not just the good stuff!*"

My friend Sue's comment—made casually over lunch with her husband — caused me to laugh out loud and also to think. Social media can be a good thing, helping us stay in touch with and pray for friends across the years and miles. But if we're not careful, it can also create an unrealistic outlook on life. When much of what we see posted is a "highlight reel" of "the good stuff," we can be misled into thinking others' lives are without trouble, and wonder where our own went wrong.

Comparing ourselves with others is a sure recipe for unhappiness. When the disciples compared themselves to each other (SEE LUKE 9:46; 22:24), Jesus quickly discouraged it. Soon after His resurrection, Jesus told Peter how he would suffer for his faith. Peter then turned to John and asked, "Lord, what about him?" Jesus answered, "If I want him to remain alive until I return, what is that to you? You must follow me" (JOHN 21:21,22).

Jesus pointed Peter to the best remedy for unhealthy comparisons. When our minds are focused on God and all He's done for us, self-focused thoughts fall gently away and we long to follow Him. In place of the world's competitive strain and stress, He gives us His loving presence and peace. Nothing can compare with Him. *JBB*

How can you use social media in a God-honoring way?
How can a real relationship with God
keep you from making unhealthy comparisons?

Comparison is the thief of joy. THEODORE ROOSEVELT

DIA 71

PROCURANDO O TESOURO

Leitura: Provérbios 4:5-19

Pois a sabedoria dá mais lucro que a prata e rende mais que o ouro. v.14

Tesouro enterrado; parece algo extraído de um livro infantil. Mas o excêntrico milionário Forrest Fenn afirma ter um baú de joias e ouro avaliado em mais de dois milhões de dólares em algum lugar nas montanhas. Muitas pessoas já saíram à procura desse baú. Na realidade, quatro pessoas já perderam a vida tentando encontrar essas riquezas escondidas.

O autor de Provérbios nos dá motivos para pensar: *Será que há um tesouro que mereça tal busca?* Em Provérbios 4, um pai escrevendo aos filhos sobre como viver bem, sugere que a sabedoria é algo que merece ser buscado a qualquer custo (v.7). A sabedoria, segundo ele, nos conduzirá pela vida, impedindo que tropecemos, e nos coroará com honra (vv.8-12). Escrevendo centenas de anos depois, Tiago, um dos discípulos de Jesus, também enfatizou a importância da sabedoria: "a sabedoria que vem do alto é, antes de tudo, pura. Também é pacífica, sempre amável e disposta a ceder a outros. É cheia de misericórdia e é o fruto de boas obras. Não mostra favoritismo e é sempre sincera" (TIAGO 3:17). Quando a buscamos, achamos todos os tipos de coisas boas florescendo em nossa vida.

Por fim, buscar sabedoria é buscar a Deus, a fonte de toda a sabedoria e entendimento. E a sabedoria que vem do alto vale mais do que qualquer tesouro escondido que possamos imaginar.

ALP

Você está buscando a sabedoria de Deus?
Como pode buscá-la ainda hoje?

Deus, ensina meu coração a desejar a sabedoria
e meus pés a andar em Teus caminhos.

SEARCHING FOR TREASURE

Read: Proverbs 4:5-19

[Wisdom] is more profitable than silver and yields better returns than gold. v.14

Buried treasure. It sounds like something out of a children's storybook. But eccentric millionaire Forrest Fenn claims to have left a box of jewels and gold, worth up to $2 million, somewhere in the Rocky Mountains. Many people have gone in search of it. In fact, four people have lost their lives trying to find the hidden riches.

The author of Proverbs gives us reason to stop and think: *Does any kind of treasure merit such a quest?* In Proverbs 4, a father writing to his sons about how to live well suggests that wisdom is one thing worth seeking at any cost (v.7). Wisdom, he says, will lead us through life, keep us from stumbling, and crown us with honor (vv.8-12). Writing hundreds of years later, James, one of Jesus's disciples, also emphasized the importance of wisdom. "The wisdom that comes from heaven," he writes, "is first of all pure; then peace-loving, considerate, submissive, full of mercy and good fruit, impartial and sincere" (JAMES 3:17). When we seek wisdom, we find all kinds of good things flourishing in our lives.

To seek wisdom is ultimately to seek God, the source of all wisdom and understanding. And the wisdom that comes from above is worth more than any buried treasure we could ever imagine.

ALP

Are you actively seeking God's wisdom?
How can you do so today?

God, please train my heart to desire wisdom and train my feet to walk in Your ways.

DIA **72**

PURIFICADO

Leitura: Jeremias 2:13,20-22

...o sangue de Jesus, seu Filho, nos purifica de todo pecado. 1 João 1:7

Eu mal acreditava. Uma caneta esferográfica azul havia *sobrevivido* à máquina de lavar apenas para estourar na secadora. Minhas toalhas brancas ficaram danificadas com manchas azuis. Não havia alvejante capaz de removê-las.

Quando relutantemente coloquei as toalhas na pilha de trapos, lembrei-me do lamento de Jeremias descrevendo os efeitos prejudiciais do pecado. Por rejeitar a Deus e voltar-se à idolatria (JEREMIAS 2:13), o profeta declarou que o povo de Israel causara uma mancha permanente em seu relacionamento com Deus: "Por mais sabão ou soda que use, não consegue se limpar; ainda vejo a mancha de sua culpa. Eu, o SENHOR Soberano, falei" (v.22). Os israelitas não poderiam desfazer o dano.

Pela própria força, é impossível remover a mancha do nosso pecado. Mas Jesus fez o que não podemos. Pelo poder de Sua morte e ressurreição, Ele nos "purifica de todo pecado" (v.7).

Mesmo quando for difícil acreditar, apegue-se a esta linda verdade: não há mancha que Jesus não possa remover completamente. Deus está disposto e preparado para limpar os efeitos do pecado na vida de qualquer um que deseje voltar-se para Ele (v.9). Por meio de Cristo, podemos viver cada dia em liberdade e esperança. LMS

Para onde você vai com a sua culpa?
Como você poderia viver de forma diferente hoje
sabendo que a morte de Jesus tem o poder de remover
completamente a culpa e a "mancha" do seu pecado?

O sangue de Jesus limpa as manchas do pecado.

WASHED CLEAN

Read: Jeremiah 2:13,20-22

The blood of Jesus, [God's] Son, purifies us from all sin. 1 John 1:7

I couldn't believe it. A blue gel pen had hidden itself in the folds of my white towels and survived the washing machine, only to explode in the dryer. Ugly blue stains were everywhere. My white towels were ruined. No amount of bleach would be able to remove the dark stains.

As I reluctantly consigned the towels to the rag pile, I was reminded of the Old Testament prophet Jeremiah's lament describing the damaging effects of sin. By rejecting God and turning to idols (JEREMIAH 2:13), Jeremiah declared that the people of Israel had caused a permanent stain in their relationship with God: "'Although you wash yourself with soap and use an abundance of cleansing powder, the stain of your guilt is still before me,' declares the Sovereign LORD" (v.22). They were powerless to undo the damage they'd done.

On our own, it is impossible to remove the stain of our sin. But Jesus has done what we could not. Through the power of His death and resurrection, He "purifies [believers] from all sin" (1 JOHN 1:7).

Even when it's hard to believe, cling to this beautiful truth: there's no damage from sin that Jesus can't totally remove. God is willing and ready to wash away the effects of sin for anyone willing to return to Him (v.9). Through Christ, we can live each day in freedom and hope. *LMS*

Where do you go with your guilt? How might you live differently today knowing that Jesus's death has the power to completely remove the guilt and "stain" of your sin?

Jesus's blood washes away sin's stain.

DIA **73**

COMO ENCONTRAR PAZ

Leitura: Colossenses 3:12-17

Permitam que a paz de Cristo governe o seu coração, pois [...] vocês são chamados a viver em paz. v.15

"**O que você** pensa a respeito da paz?", meu amigo me perguntou. "Paz?, não tenho certeza, mas por que a pergunta?". Ele me respondeu: "Bem, enquanto você sacudia seus pés durante o culto, achei-a inquieta por algo. Você já refletiu sobre a paz que Deus dá aos que o amam?".

Naquele dia, fiquei magoada com a pergunta dele, mas isso deu início a uma jornada interior. Busquei na Bíblia para ver como o povo de Deus aceitou o presente de tranquilidade, de paz, mesmo em meio aos sofrimentos. Ao ler a carta de Paulo aos colossenses, refleti a respeito da ordenança do apóstolo para deixar que a paz de Cristo governasse o coração deles (v.15).

Paulo estava escrevendo para uma igreja que jamais tinha visitado, mas da qual ouvira falar por meio do seu amigo Epafras. Ele estava preocupado porque, ao se depararem com falsos ensinamentos, estavam perdendo a paz de Cristo. Mas, em vez de admoestá-los, Paulo os encorajou a confiar em Jesus, que lhes daria esperança e segurança (v.15).

Todos nós enfrentaremos momentos em que poderemos escolher aceitar ou rejeitar o domínio da paz de Cristo em nosso coração. Ao nos voltarmos a Jesus, pedindo-lhe que habite em nós, Ele gentilmente nos libertará da ansiedade e dos cuidados que pesam sobre nós. Ao buscarmos a Sua paz, confiamos que Ele nos alcançará com o Seu amor.

ABP

O que pesa em sua mente e coração?
Você quer pedir a Jesus para lhe dar a paz?

Jesus, tu dás a paz que excede todo o entendimento.
Ajuda-me a aceitá-la em todas as áreas da minha vida.

HOW TO FIND PEACE

Read: Colossians 3:12-17

Let the peace of Christ rule in your hearts, since as members of one body you were called to peace. v.15

"**What do** you think about peace?" my friend asked as we ate lunch together. "Peace?" I said, puzzled. "I'm not sure — why do you ask?" He answered, "Well, as you jiggled your foot during the church service I wondered if you're agitated about something. Have you considered the peace God gives to those who love Him?"

That day some years ago, I was a bit hurt by my friend's question, but it started me on a journey. I began exploring the Bible to see how God's people embraced this gift of well-being, of peace, even in the midst of hardship. As I read Paul's letter to the Colossians, I chewed over the apostle's command to let the peace of Christ rule in their hearts (COLOSSIANS 3:15).

Paul was writing to a church he'd never visited but had heard about from his friend Epaphras. He was concerned that as they encountered false teaching, they were losing the peace of Christ. But instead of admonishing them, Paul encouraged them to trust Jesus, who would give them assurance and hope (v.15).

We all will encounter times when we can choose to embrace or refuse the rule of Christ's peace in our hearts. As we turn to Him, asking Jesus to dwell in us, He will gently release us from the anxiety and cares that weigh us down. As we seek His peace, we trust that He will meet us with His love. *ABP*

What situations or relationships
weigh on your mind and heart?
How can you ask Jesus to bring you His peace?

Jesus, You give peace that passes all understanding.
Help me embrace Your peace in every area of my life.

DIA 74

OLHOS DETRÁS DA MINHA CABEÇA

Leitura: Salmo 33:6-19

De seu trono ele observa todos os habitantes da terra. v.14

Fui tão travessa quanto outras crianças em meus primeiros anos e tentava esconder o meu mau comportamento para evitar problemas. Porém, minha mãe geralmente descobria o que eu tinha feito. Lembro-me de ficar espantada com a rapidez e precisão que ela descobria minhas travessuras. Ao me surpreender e perguntar-lhe como sabia, a resposta era sempre: "Tenho olhos detrás da cabeça".

Isso, é claro, levou-me a observá-la sempre que ela virava de costas. Seus olhos eram invisíveis ou encobertos por seus cabelos ruivos? Ao crescer, desisti de procurar por evidências de seus olhos extras e percebi que eu não era tão sorrateira quanto supusera. Seu olhar atento era a prova de seu amoroso cuidado por seus filhos.

Por mais grata que eu seja pelo cuidado atencioso de minha mãe (apesar de ocasionalmente desapontar-me por não ter escapado com alguma coisa!), sou mais grata ainda por Deus ver "toda a humanidade" quando nos olha lá do Céu (v.13). Ele vê muito mais do que aquilo que fazemos; vê nossas tristezas, alegrias e nosso amor uns pelos outros.

Deus vê o nosso verdadeiro caráter e sempre sabe exatamente o que precisamos. Com visão perfeita, vê até o funcionamento do nosso coração, cuida dos que o amam e depositam sua esperança nele (v.18). Ele é nosso Pai — amoroso e atencioso. *KHH*

Saber que Deus vê tudo e cuida de você o consola?
Como? De que maneira o Senhor está forjando o seu caráter?

Querido Pai, obrigado por cuidares de todas as pessoas e por veres o que acontece em nosso mundo.

EYES IN THE BACK OF MY HEAD

Read: Psalm 33:6-19

From his dwelling place [God] watches all who live on earth. v.14

I **was as** mischievous as any other child in my early years and tried to hide my bad behavior to avoid getting into trouble. Yet my mother usually found out what I had done. I recall being amazed at how quickly and accurately she knew about my antics. When I marveled and asked how she knew, she always replied, "I have eyes in the back of my head." This, of course, led me to study her head whenever she'd turn her back—were the eyes invisible or merely cloaked by her red hair? As I grew, I gave up looking for evidence of her extra pair of eyes and realized I just wasn't quite as sneaky as I had supposed. Her watchful gaze was evidence of her loving concern for her children.

As grateful as I am for my mother's attentive care (despite being occasionally disappointed I hadn't gotten away with something!), I'm even more grateful that God "sees all mankind" as He looks upon us from heaven (PSALM 33:13). He sees so much more than what we do; He sees our sadness, our delights, and our love for one another.

God sees our true character and always knows exactly what we need. With perfect vision, which even sees the inner workings of our hearts, He watches over those who love Him and put their hope in Him (v.18). He's our attentive, loving Father. *KHH*

How does it comfort you to know that God sees everything and is watching over you? What has He been doing recently to sharpen your character?

Dear Father, thank You for watching over all people and for seeing what happens in our world and in my life.

DIA 75

TESOURO INESTIMÁVEL

Leitura: 2 Coríntios 4:5-7

...somos como vasos frágeis de barro que contêm esse grande tesouro. [...] esse grande poder vem de Deus... v.7

A casa do "homem do lixo" fica numa rua íngreme na periferia de Bogotá, Colômbia. Esse lar despretensioso abriga uma biblioteca gratuita de 25 mil exemplares com livros descartados que José Alberto Gutierrez juntou para compartilhar com as crianças pobres em sua comunidade. Elas lotam sua casa durante as "horas da biblioteca" no fim de semana. Rondando pelos cantos repletos de livros, as crianças veem essa casa humilde como um tesouro inestimável.

Isso também acontece com o cristão. Somos feitos de barro humilde, cheios de rachaduras e facilmente quebráveis. Mas Deus permite que sejamos a habitação para o Seu poderoso Espírito, o qual nos capacita para levarmos as boas-novas de Cristo a um mundo ferido e adoecido. É um trabalho enorme para pessoas comuns e frágeis. Paulo disse à sua congregação em Corinto: "somos como vasos frágeis de barro que contêm esse grande tesouro. Assim, fica evidente que esse grande poder vem de Deus, e não de nós" (v.7). Esse era um grupo diversificado de pessoas de toda a região, sendo assim, muitos poderiam ter sido tentados a falar de si mesmos em vez de proclamar Jesus (v.5).

Paulo lhes advertiu a proclamarem sobre o Tesouro Inestimável que habita em nós. É Ele e o Seu poder que transforma a nossa vida comum num precioso tesouro. *PR*

Jesus, enche a minha vida com o maravilhoso poder do Teu Espírito.

FROM TRASH TO TREASURE

Read: 2 Corinthians 4:5-7

We have this treasure in jars of clay to show that this all-surpassing power is from God and not from us. v.7

The trash man's house sits atop a steep street in a poor Bogota neighborhood. Not one thing about it looks special. Yet the unassuming abode in Colombia's capital is home to a free library of 25,000 books — discarded literature that Jose Alberto Gutierrez collected to share with poor children in his community.

Local kids crowd into the house during weekend "library hours." Prowling through every room, each packed with books, the children recognize the humble home as more than Señor Jose's house — it's a priceless treasury.

The same is true for every follower of Christ. We're made of humble clay — marred by cracks and easily broken. But we're entrusted by God as a home for His empowering Spirit, who enables us to carry the good news of Christ into a hurting, broken world. It's a big job for ordinary, fragile people.

"We have this treasure in jars of clay to show that this all-surpassing power is from God and not from us" (2 CORINTHIANS 4:7), the apostle Paul told his congregation in the ancient city of Corinth. They were a cross section of people from across this region, so many might have been tempted to "go around preaching about [them]selves," Paul said (v.5 NLT).

Instead, Paul said, tell others about the priceless One living inside of us. It's Him and His all-surpassing power that turns our ordinary lives into a priceless treasury. *PR*

Jesus, fill up my ordinary life with the power of Your Spirit.

DIA 76

PODEMOS DESCANSAR?

Leitura: João 14:25-31

...Portanto, não se aflijam nem tenham medo. v.27

Daniel entrou no consultório da fisioterapeuta sabendo que sofreria muita dor. A terapeuta estendeu e dobrou o braço dele em posições que há meses, desde sua lesão, não tinham sido feitas. Depois de segurar cada posição desconfortável por alguns segundos, ela gentilmente lhe disse: "Ok, pode descansar". Mais tarde, ele afirmou: "Acho que ouvi pelo menos 50 vezes em cada sessão de terapia: 'Ok, pode descansar'".

Pensando nessas palavras, Daniel percebeu que elas poderiam se aplicar ao restante de sua vida também. Ele poderia descansar na bondade e fidelidade de Deus em vez de se preocupar.

Quando Jesus se aproximava de Sua morte, Ele sabia que Seus discípulos precisariam aprender isso. Eles logo enfrentariam uma época de convulsão e perseguição. Para encorajá-los, Jesus disse que enviaria o Espírito Santo para viver com eles e lembrar-lhes do que Ele havia ensinado (v.26). E assim Ele pôde dizer: "Eu lhes deixo um presente, a minha plena paz [...] não se aflijam nem tenham medo" (v.27).

Há motivo suficiente para estarmos tensos em nossa vida cotidiana. Mas podemos aumentar a nossa confiança em Deus, lembrando-nos de que o Seu Espírito vive em nós e nos oferece a Sua paz. Firmando-nos em Sua força, podemos ouvi-lo nas palavras da terapeuta: "Ok, pode descansar". AMC

O que o estressa? Quais características divinas podem ajudá-lo a aprender a confiar mais no Senhor?

Ensina-me, Jesus, a confiar na Tua fidelidade, a conhecer a Tua presença, a experimentar a Tua paz e a descansar em ti.

CAN WE RELAX?

Read: John 14:25-31

Do not let your hearts be troubled and do not be afraid. v.27

Darnell entered the physical therapist's office knowing he would experience a lot of pain. The therapist stretched and bent his arm and held it in positions it hadn't been in for months since his injury. After holding each uncomfortable position for a few seconds, she gently told him: "Okay, you can relax." He said later, "I think I heard that at least fifty times in each therapy session: 'Okay, you can relax.'"

Thinking of those words, Darnell realized they could apply to the rest of his life as well. He could relax in God's goodness and faithfulness instead of worrying.

As Jesus neared His death, He knew His disciples would need to learn this. They'd soon face a time of upheaval and persecution. To encourage them, Jesus said He would send the Holy Spirit to live with them and remind them of what He had taught (JOHN 14:26). And so He could say, "Peace I leave with you; my peace I give you [...] Do not let your hearts be troubled and do not be afraid" (v.27).

There's plenty we could be uptight about in our everyday lives. But we can grow in our trust in God by reminding ourselves that His Spirit lives in us — and He offers us His peace. As we draw on His strength, we can hear Him in the therapist's words: "Okay, you can relax." AMC

What causes you stress? What characteristics of God can help you learn to trust Him more?

Teach me, Lord, to trust Your faithfulness, to know Your presence, to experience Your peace – to relax.

DIA 77

PRONTO PARA RESTAURAÇÃO

Leitura: Salmo 85

Não nos reanimarás, para que o teu povo se alegre em ti? v.6

Enquanto servia ao exército na Alemanha, comprei um Fusca 1969, novinho em folha, uma beleza! O exterior verde-escuro complementava o interior de couro marrom. Mas, com o passar dos anos, as coisas começaram a acontecer. Um acidente arruinou o estribo lateral e destruiu uma das portas. "Era um candidato perfeito para restauração!" E com mais dinheiro, eu o teria restaurado, mas não o fiz.

Felizmente, o Deus da visão perfeita e recursos ilimitados não desiste tão facilmente de pessoas maltratadas e feridas. O Salmo 85 descreve as pessoas que eram candidatas perfeitas à restauração e o Deus que é capaz de restaurá-las. O cenário é possivelmente após os israelitas retornarem de 70 anos de exílio (sua punição pela rebelião contra Deus). Olhando para trás, eles puderam ver o Seu favor — inclusive o Seu perdão (vv.1-3), sentiram-se motivados a clamar por ajuda divina (vv.4-7) e a esperar coisas boas do Senhor (vv.8-13).

Quem dentre nós não se sente ocasionalmente magoado, ferido, abatido? E às vezes é por causa de algo que fizemos para nós mesmos. Mas os que o buscam humildemente o Senhor nunca ficam sem esperança porque Ele é o Deus da restauração e do perdão. O Senhor acolhe de braços abertos os que se voltam a Ele; e aqueles que o fazem encontram segurança em Seus braços. ALJ

Há sinais evidentes de que sua vida precisa de restauração?
Qual é a sua resposta ao Deus da restauração?

Senhor, ajuda-me a não ignorar as evidências de que necessito da Tua restauração em meu viver.

READY FOR RESTORATION

Read: Psalm 85

Will you not revive us again, that your people may rejoice in you? v.6

While stationed in Germany in the army I purchased a brand-new 1969 Volkswagen Beetle. The car was a beauty! The dark green exterior complemented the brown leatherette interior. But as the years took their toll, stuff began to happen, including an accident that ruined the running board and destroyed one of the doors. With more imagination, I could have thought, "My classic car was a perfect candidate for restoration!" And with more money, I could have pulled it off. But that didn't happen.

Thankfully the God of perfect vision and unlimited resources doesn't give up so easily on battered and broken people. Psalm 85 describes people who were perfect candidates for restoration and the God who is able to restore. The setting is likely after the Israelites had returned from seventy years of exile (their punishment for rebellion against God). Looking back, they were able to see His favor — including His forgiveness (vv.1-3). They were motivated to ask God for His help (vv.4-7) and to expect good things from Him (vv.8-13).

Who among us doesn't occasionally feel battered, bruised, broken? And sometimes it's because of something we've done to ourselves. But because the Lord is the God of restoration and forgiveness, those who humbly come to Him are never without hope. With open arms He welcomes those who turn to Him; and those who do, find safety in His arms. *ALJ*

Are there signs in your life that restoration is in order? What's your response to the God of restoration?

Lord, help me not to ignore the signs that restoration is needed in my life.

OBJETOS NO ESPELHO

Leitura: Filipenses 3:7-14

...esquecendo-me do passado [...], prossigo para o final da corrida, a fim de receber o prêmio celestial para o qual Deus nos chama em Cristo Jesus. v.14

"**Mais depressa!**" diz um dos personagens no filme *Jurassic Park* (1993), quando ele e outros fogem num jipe de um tiranossauro furioso. Quando o motorista olha pelo espelho retrovisor, ele vê a mandíbula do terrível réptil furioso refletida pouco acima da inscrição: "OS OBJETOS NO ESPELHO PODEM ESTAR MAIS PRÓXIMOS DO QUE PARECEM".

Essa cena é a perfeita combinação de intensidade e humor negro. Mas, às vezes, os "monstros" do nosso passado agem como se nunca parassem de nos perseguir. Nós olhamos no "espelho" de nossa vida e vemos os erros que aparecem ali, ameaçando nos consumir com culpa ou vergonha.

O apóstolo Paulo entendeu o poder potencialmente paralisante do passado, pois passara anos tentando viver perfeitamente longe de Cristo e até perseguiu os cristãos (vv.1-9). O arrependimento por seu passado poderia facilmente tê-lo paralisado.

Mas Paulo encontrou tanta beleza e poder em seu relacionamento com Cristo que foi obrigado a deixar sua antiga vida (vv.8,9). Isso o libertou para olhar à frente com fé e não para trás com medo ou arrependimento, esquecendo-se "do passado e olhando para o que está adiante, [prosseguindo] para o final da corrida" (vv.13,14).

Nossa redenção em Cristo nos libertou para viver para Ele. Não devemos permitir que os "reflexos no espelho" nos orientem.

ARH

Pai, somos gratos porque em Jesus somos novas criaturas e não precisamos viver com pesares e culpas.

OBJECTS IN MIRROR

Read: Philippians 3:7-14

Forgetting what is behind and straining toward what is ahead, I press on toward the goal to win the prize for which God has called me heavenward in Christ Jesus. vv.13,14

"**Must. Go.** Faster." That's what Dr. Ian Malcolm, played by Jeff Goldblum, says in an iconic scene from the 1993 movie *Jurassic Park* as he and two other characters flee in a Jeep from a rampaging tyrannosaurus. When the driver looks in the rearview mirror, he sees the raging reptile's jaw — right above the words: "OBJECTS IN MIRROR MAY BE CLOSER THAN THEY APPEAR."

The scene is a masterful combination of intensity and grim humor. But sometimes the "monsters" from our past feel like they'll never stop pursuing us. We look in the "mirror" of our lives and see mistakes looming right there, threatening to consume us with guilt or shame.

The apostle Paul understood the past's potentially paralyzing power. He'd spent years trying to live perfectly apart from Christ, and even persecuted Christians (PHILIPPIANS 3:1-9). Regret over his past could easily have crippled him.

But Paul found such beauty and power in his relationship with Christ that he was compelled to let go of his old life (vv.8,9). That freed him to look forward in faith instead of backward in fear or regret: "One thing I do: Forgetting what is behind and straining toward what is ahead, I press on toward the goal" (vv.13,14).

Our redemption in Christ has freed us to live for Him. We don't have to let those "objects in (our) mirror" dictate our direction as we continue forward. *ARH*

Father, sometimes the past won't let us go.
Help us to remember that
because of Jesus, we are new creations who don't have
to live with regret or guilt.

DIA 79

ATÉ QUANDO?

Leitura: Salmo 13

Até quando, Senhor, te esquecerás de mim? Será para sempre? Até quando esconderás de mim o teu rosto? v.1

Em *Alice no País das Maravilhas*, de Lewis Carroll, Alice pergunta "Até quando é para sempre?" O Coelho responde: "Às vezes, apenas um segundo".

Foi dessa forma que senti o tempo quando, de repente, o meu irmão Davi morreu. O dia de seu funeral se arrastou, intensificando a minha sensação de perda e dor. Cada segundo parecia durar uma eternidade.

Outro Davi ecoou esse mesmo sentimento, cantando: "Até quando, Senhor, te esquecerás de mim? Será para sempre? Até quando esconderás de mim o teu rosto? Até quando terei de lutar com a angústia em minha alma, com a tristeza em meu coração a cada dia? Até quando meu inimigo terá vantagem sobre mim?" (vv.1,2). Em apenas dois versículos, ele pergunta quatro vezes a Deus "Até quando?". Às vezes, parece que as dores da vida nunca terão fim.

Nessa dor, entra a presença e o cuidado do nosso Pai celeste. Como o rei Davi, nós também podemos ir à presença dele honestamente com nossa dor e perda, sabendo que Ele jamais nos deixará ou abandonará (HEBREUS 13:5). O salmista também descobriu isso, permitindo que o seu lamento passasse da tristeza para uma declaração triunfante: "No tocante a mim, confio na tua graça; regozije-se o meu coração na tua salvação" (SALMO 13:5).

Nos momentos infindáveis de luta, o amor infalível do Senhor nos conduzirá. Alegremo-nos em Sua salvação. *WEC*

Em tempos de dor e perda,
o Deus eterno é o nosso maior conforto.

HOW LONG?

Read: Psalm 13

How long, LORD? Will you forget me forever? How long will you hide your face from me? v.1

In **Lewis** Carroll's classic *Alice in Wonderland,* Alice asks, "How long is forever?" The White Rabbit responds, "Sometimes, just one second."

That's how time felt when my brother David suddenly died. The days leading to his memorial dragged on, intensifying the sense of loss and grief we felt. Every second seemed to last forever.

Another David echoed this sentiment, singing, "How long, LORD? Will you forget me forever? How long will you hide your face from me? How long must I wrestle with my thoughts and day after day have sorrow in my heart? How long will my enemy triumph over me?" (PSALM 13:1,2). Four times in just two verses he asks God, "How long?" Sometimes the pains of life seem as though they will never end.

Into this heartache steps the presence and care of our heavenly Father. Like King David, we can honestly go to Him with our pain and loss, knowing that He will never leave us or forsake us (HEBREWS 13:5). The psalmist discovered this as well, allowing his lament to move from a mournful minor key to a triumphant declaration: "But I trust in your unfailing love; my heart rejoices in your salvation" (PSALM 13:5).

In our seemingly endless moments of struggle, His unfailing love will carry us. We can rejoice in His salvation. *WEC*

In times of pain and loss, t
he timeless God is our greatest comfort.

DIA 80

O QUE QUEREMOS OUVIR

Leitura: 2 Crônicas 18:5-27

...mas eu o odeio, pois nunca profetiza nada de bom a meu respeito, só coisas ruins! v.7

Somos humanos e tendemos a buscar dados que amparem as nossas opiniões. As pesquisas demonstram que somos *duas vezes* mais propensos a procurar informações que apoiem os nossos posicionamentos. Comprometidos com nossas próprias opiniões, evitamos pensar em questões colocadas por posições opostas.

Esse foi o caso do rei Acabe, de Israel. Quando ele e Josafá, rei de Judá, discutiram sobre ir ou não à guerra contra Ramote-Gileade, Acabe reuniu 400 profetas — indicados por ele e que, assim, diriam o que ele queria ouvir — para ajudá-lo a decidir. Cada um respondeu que sim, dizendo "Deus entregará o inimigo nas mãos do rei" (v.5). Josafá perguntou se havia um profeta escolhido por Deus, por meio de quem pudessem perguntar ao Senhor. Acabe foi relutante, pois o profeta de Deus, Micaías, "nunca profetiza nada de bom a meu respeito, só coisas ruins" (v.7). De fato, Micaías indicou que não seriam vitoriosos e que o povo seria "espalhado pelos montes" (v.16).

Lendo essa história, vejo que também tendo a evitar o conselho sábio se não for o que quero ouvir. No caso de Acabe, ouvir seus "homens sim" — 400 profetas — foi desastroso (v.34). Disponhamo-nos a buscar e ouvir a voz da verdade, as palavras de Deus na Bíblia, mesmo quando elas contrariam nossas preferências pessoais. *KHH*

Senhor, ajuda-me a buscar e a seguir o Teu conselho, mesmo se contrariarem meus desejos ou o senso comum.

O conselho de Deus é confiável e sábio.

WHAT WE WANT TO HEAR

Read: 2 Chronicles 18:5-27

I hate him because he never prophesies anything good about me, but always bad. v.7

As human beings, we are prone to seek out information that supports the opinions we hold. Research shows that we're actually *twice* as likely to look for information that supports our position. When we're deeply committed to our own way of thinking, we avoid having that thinking challenged by opposing positions.

Such was the case in King Ahab's rule over Israel. When he and Jehoshaphat, the king of Judah, discussed whether to go to war against Ramoth Gilead, Ahab gathered 400 prophets — men he'd appointed to that role himself and would therefore tell him what he wanted to hear — to help them decide. Each replied he should go, saying "God will give it into the king's hand" (2 CHRONICLES 18:5). Jehoshaphat asked whether there was a prophet who had been chosen by God through whom they could inquire of the Lord. Ahab responded reluctantly because God's prophet, Micaiah, "never prophesies anything good about [him], but always bad" (v.7). Indeed, Micaiah indicated they *wouldn't* be victorious, and the people would be "scattered on the hills" (v.16).

In reading their story, I see how I too tend to avoid wise advice if it isn't what I want to hear. In Ahab's case, the result of listening to his "yes men" — 400 prophets — was disastrous (v.34). May we be willing to seek and listen to the voice of truth, God's words in the Bible, even when it contradicts our personal preferences.

KHH

*Lord, help me to seek and heed Your counsel
even when it's against my desires or popular thought.*

God's counsel is trustworthy and wise.

NOSSAS BÊNÇÃOS, SEU AMOR

Leitura: Salmo 136:1-3,10-26

Deem graças àquele que guiou seu povo pelo deserto. Seu amor dura para sempre! v.16

Em 2015, uma mulher descartou o computador de seu falecido marido num centro de reciclagem, um computador fabricado em 1976. Porém, mais importante do que *quando* foi fabricado, foi *quem* o fez. Foi um dos 200 computadores montados por Steve Jobs, fundador da Apple, e valia cerca de 250 mil de dólares! Às vezes, conhecer o verdadeiro valor de algo significa saber quem o fez.

Saber que é Deus quem nos criou nos mostra como somos valiosos para Ele (GÊNESIS 1:27). O Salmo 136 registra os principais momentos do Seu povo — o antigo Israel: como eles haviam sido libertos do cativeiro no Egito (vv.11,12), guiados pelo deserto (v.16) e recebido um novo lar em Canaã (vv.21,22). Mas, cada vez que um momento da história de Israel é mencionado, repete-se esse refrão: "Seu amor dura para sempre". Esse refrão lembrava o povo de Israel de que as suas experiências não eram eventos históricos aleatórios. Cada momento tinha sido orquestrado por Deus e refletia o Seu amor duradouro por aqueles que Ele criara.

Muitas vezes, deixo passar momentos que simplesmente mostram Deus agindo e os Seus bondosos caminhos, não reconhecendo que toda dádiva perfeita vem do meu Pai celestial (TIAGO 1:17) que me criou e me ama. Que você e eu aprendamos a relacionar todas as bênçãos em nossa vida ao amor eterno de Deus por nós.

PC

Como podemos nos lembrar melhor da Fonte das bênçãos da vida? O que o impede de fazer isso?

Pai, que eu sempre reconheça que as bênçãos que me deste vêm de ti e somente de ti!

OUR BLESSINGS, HIS LOVE

Read: Psalm 136:1-3,10-26

To him who led his people through the wilderness;
His love endures forever. v.16

In **2015,** a woman discarded her deceased husband's computer at a recycling center — a computer that had been made in 1976. But more important than *when* it had been made was *who* made it. It was one of 200 computers hand built by Apple founder Steve Jobs, and was worth an estimated quarter of a million dollars! Sometimes knowing the true worth of something means knowing who made it.

Knowing that it's God who made us shows us how valuable we are to Him (GENESIS 1:27). Psalm 136 catalogs key moments of His people — ancient Israel: how they had been freed from captivity in Egypt (vv.11,12), journeyed through the wilderness (v.16), and were given a new home in Canaan (vv.21,22). But each time a moment of Israel's history is mentioned, it's paired with this repeated refrain: "His love endures forever." This refrain reminded the people of Israel that their experiences weren't random historical events. Each moment had been orchestrated by God and was a reflection of His enduring love for those He'd made.

Far too often, I allow moments that show God at work and His kind ways to simply pass by, failing to recognize that every perfect gift comes from my heavenly Father (JAMES 1:17) who made me and loves me. May you and I learn to connect every blessing in our lives to God's enduring love for us.   PC

How can we better remember the Source of life's blessings?
What hinders you from doing so?

Heavenly Father, please don't allow even one blessing that You've given pass by without me recognizing that it came from You, and You alone!

DIA 82

AMBIÇÃO: VIDA TRANQUILA

Leitura: 1 Tessalonicenses 4:9-12

Tenham como objetivo uma vida tranquila... v.11

"**O que você** quer ser quando crescer?". Ouvimos essa pergunta quando crianças e às vezes até como adultos. É pura curiosidade e a resposta frequentemente sinaliza uma ambição. Minhas respostas se modificaram ao longo dos anos, comecei como caubói, depois motorista de caminhão, soldado e por fim, entrei na faculdade para me tornar médico. No entanto, não lembro de nenhuma vez que alguém tenha sugerido ou que considerei conscientemente uma "vida tranquila".

No entanto, isso é exatamente o que Paulo disse aos tessalonicenses. Primeiro, ele os instou a amarem uns aos outros e a família de Deus ainda mais (v.10). Em seguida, deu-lhes uma advertência geral que serviria para qualquer situação que fossem enfrentar. "Tenham como objetivo uma vida tranquila" (v.11). O que Paulo quis dizer com isso? Ele esclareceu: ocupem-se com seus próprios assuntos e trabalhem com suas próprias mãos de modo que as pessoas de fora o respeitem e você não seja dependente de ninguém (vv.11,12). Não queremos desencorajar as crianças a buscar seus dons ou paixões, mas talvez pudéssemos incentivá-las a fazer o que quer que façam, com espírito tranquilo.

Considerando o mundo em que vivemos, as palavras *ambição* e *tranquilidade* pareciam incompatíveis. Mas as Escrituras são sempre relevantes, então talvez devamos considerar como seria começar a viver com maior tranquilidade.

JB

Quem vive "uma vida tranquila" a quem você possa imitar?

**Jesus, peço-te a graça de cuidar da minha vida;
que eu não me isole e nem atrapalhe ninguém.**

FINDING A QUIET LIFE

Read: 1 Thessalonians 4:9-12

Make it your ambition to lead a quiet life. v.11

"What do you want to be when you grow up?" We all heard that question as children and sometimes even as adults. The question is born in curiosity, and the answer is often heard as an indication of ambition. My answers morphed over the years, starting with a cowboy, then a truck driver, followed by a soldier, and I entered college set on becoming a doctor. However, I can't recall one time that someone suggested or I consciously considered pursuing "a quiet life."

Yet that's exactly what Paul told the Thessalonians. First, he urged them to love one another and all of God's family even more (1 THESSALONIANS 4:10). Then he gave them a general admonition that would cover whatever specific plow they put their hand to. "Make it your ambition to lead a quiet life" (v.11). Now what did Paul mean by that exactly? He clarified: "You should mind your own business and work with your hands" so outsiders respect you and you're not a burden on anyone (vv.11,12). We don't want to discourage children from pursuing their giftedness or passions but maybe we could encourage them that whatever they choose to do, they do with a quiet spirit.

Considering the world we live in, the words *ambitious* and *quiet* couldn't seem further apart. But the Scriptures are always relevant, so perhaps we should consider what it might look like to begin living quieter.   JB

Who comes to mind of someone who lives a quiet life that you might emulate?

Jesus, I ask for the grace to mind my own business, not so I can close myself off from the world, but that I won't add to the noise.

DIA 83

AJUDA DO CÉU

Leitura: Josué 10:6-15

...Certamente o SENHOR lutou por Israel naquele dia! v.14

SOS, o sinal em código Morse, foi criado em 1905, porque os marinheiros precisavam de uma forma para indicar o perigo extremo. O sinal ganhou fama, em 1910, ao ser usado pelo navio *Steamship Kentucky*, que estava afundando, e isso salvou a vida de todas as 46 pessoas a bordo.

O SOS é uma invenção recente, mas o grito de socorro é tão antigo quando a humanidade. É mencionado no Antigo Testamento, na história de Josué, que enfrentou a oposição dos israelitas (9:18) e terreno difícil (3:15-17) durante mais de 14 anos, enquanto o povo lentamente conquistava e se estabelecia na terra que lhes fora prometida. Durante esta luta "o SENHOR estava com Josué" (6:27).

Em Josué 10, os israelitas vão ao auxílio dos gibeonitas, aliados que estavam sendo atacados por cinco reis. Josué sabia que precisava da ajuda do Senhor para derrotar tantos inimigos poderosos (v.12). Deus respondeu com chuva de granizo, e até parando o sol a fim de dar mais tempo para Israel derrotar o inimigo. Josué 10:14 relata: "...o SENHOR lutou por Israel naquele dia".

Se você está em meio a uma situação desafiadora, pode enviar um SOS para Deus. Embora a ajuda possa ser diferente da que Josué recebeu: talvez ela venha por meio de um trabalho inesperado, um médico compreensivo ou paz em meio ao luto. Encoraje-se, pois estas são as maneiras do Senhor responder ao seu pedido de socorro e lutar por você. *LMS*

**Quando clamamos a Deus por socorro,
podemos confiar que Ele estará conosco.**

HELP FROM HEAVEN

Read: Joshua 10:6-15

Surely the Lord was fighting for Israel! v.14

SOS, the Morse code signal, was created in 1905 because sailors needed a way to indicate extreme distress. The signal gained notoriety in 1910 when used by the sinking ship *Steamship Kentucky*, saving all forty-six people aboard.

While SOS may be a more recent invention, the urgent cry for help is as old as humanity. We hear it often in the Old Testament story of Joshua, who faced opposition from fellow Israelites (JOSHUA 9:18) and challenging terrain (3:15-17) for more than fourteen years as the Israelites slowly conquered and settled the land God had promised them. During this struggle "the Lord was with Joshua" (6:27).

In Joshua 10, the Israelites go to the aid of the Gibeonites, allies of Israel who were being attacked by five kings. Joshua knew that he needed the Lord's help to defeat so many powerful enemies (v.12). God responded with a hailstorm, even stopping the sun in the middle of the sky to give Israel more time to defeat the enemy. Joshua 10:14 recounts, "Surely the Lord was fighting for Israel!"

If you are in the midst of a challenging situation, you can send out an SOS to God. Although help will look different than the assistance Joshua received, perhaps help comes through an unexpected job, an understanding doctor, or peace in the midst of grief. Be encouraged that these are ways He is responding to your call for help and fighting for you. *LMS*

***As we cry out to God for help,
we can trust that He will be with us.***

DIA **84**

AINDA QUE...

Leitura: Daniel 3:8-18

...Deus [...] pode nos salvar [...] Mas, ainda que ele não nos livre [...] jamais serviremos seus deuses... vv.17,18

À s vezes, a vida nos atinge com um tremendo golpe. Outras, o milagre acontece.

Três jovens, cativos na Babilônia, ficaram diante do temido rei daquela terra e, corajosamente, declararam que sob nenhuma circunstância adorariam a gigantesca imagem de ouro perante eles. Juntos, declararam: "Se formos lançados na fornalha ardente, o Deus a quem servimos pode nos salvar. Sim, ele nos livrará de suas mãos, ó rei. Mas, ainda que ele não nos livre, queremos deixar claro, ó rei, que jamais serviremos seus deuses..." (vv.17,18).

Os três homens — Sadraque, Mesaque e Abede-Nego — foram jogados na fornalha ardente; e, miraculosamente, Deus os livrou de tal modo que nem um fio de cabelo ficou queimado, nem suas roupas tinham cheiro de fumaça (vv.19-27). Eles foram preparados para morrer, mas sua confiança em Deus era inabalável "ainda que" Ele não os salvasse.

Deus deseja que sejamos fiéis a Ele — *ainda que* nosso ente querido não seja curado, *ainda que* percamos nosso emprego, *ainda que* sejamos perseguidos. Às vezes, Deus nos resgata do perigo nesta vida, mas, às vezes, não. Porém a verdade na qual podemos nos agarrar firmemente é esta: "O Deus a quem servimos pode", nos ama, e está conosco em cada terrível provação, em cada *ainda que...* ADK

Querido Senhor, amamos-te! Por favor,
dá-nos fé inabalável, força e esperança a cada dia,
não importa as circunstâncias.

Deus é capaz.

EVEN IF

Read: Daniel 3:8-18

The God we serve is able to deliver us from [the fire] [...] But even if he does not, we want you to know, Your Majesty, that we will not serve your gods. vv.17,18

Sometimes life deals us a tremendous blow. Other times the miraculous happens.

Three young men, captives in Babylon, stood in front of the fearsome king of that land and boldly proclaimed that under no circumstances would they worship the giant image of gold towering above them. Together they declared: "If we are thrown into the blazing furnace, the God we serve is able to deliver us from it, and he will deliver us from Your Majesty's hand. But even if he does not, we want you to know [...] we will not [...] worship the image" (DANIEL 3:16-18).

These three men — Shadrach, Meshach, and Abednego — were hurled into the fiery furnace; and God miraculously delivered them so that not a hair of their head was singed and their clothing was smoke-free (vv.19,27). They had been prepared to die but their trust in God was unwavering — "even if" He had not saved them.

God desires that we cling to Him — *even if* our loved one isn't healed, *even if* we lose our job, *even if* we are persecuted. Sometimes God rescues us from danger in this life, and sometimes He doesn't. But the truth we can hold firmly is this: "The God we serve is able," loves us, and is with us in every fiery trial, every *even if*.

ADK

Dear Lord, we love You! Please give us unwavering faith
— and strength and hope for each day —
no matter the circumstance.

God is able.

SEMENTES DA GRAÇA DIVINA

Leitura: Marcos 4:26-29

...ele dormindo ou acordado, as sementes germinam e crescem, mas ele não sabe como isso acontece. v.27

Por quase quatro décadas, um homem na Índia trabalhou para trazer vida nova a um solo devastado e arenoso. Vendo como a erosão e as mudanças nos ecossistemas haviam destruído a ilha que ele amava, começou a plantar uma árvore por vez, bambu e algodão. Hoje, florestas exuberantes e abundante vida silvestre recobrem essa terra. No entanto, ele insiste que o renascimento não foi algo que ele próprio fez acontecer. Reconhecendo a maneira surpreendente como o mundo natural é projetado, ele se admira de como o vento leva as sementes ao solo fértil. Aves e animais também participam da semeadura, e os rios também contribuem para o florescimento.

A criação funciona de maneiras que não podemos compreender ou controlar. Jesus nos ensina que esse mesmo princípio se aplica ao reino de Deus: "...é como um lavrador que lança sementes sobre a terra [...], as sementes germinam e crescem, mas ele não sabe como isso acontece" (vv.26,27). Deus traz vida e cura ao mundo como puras dádivas, sem nossa manipulação. Fazemos tudo o que Deus nos pede, e depois observamos a vida surgir. Sabemos que tudo flui de Sua graça.

É tentador acreditar que somos responsáveis por mudar o caráter de alguém ou garantir resultados para os nossos fiéis esforços. No entanto, não precisamos viver sob tamanha pressão. Deus faz todas as nossas sementes crescerem. É tudo graça divina.

WC

Deus continua a fazer crescer o Seu reino pela Sua graça.

SEEDS OF GRACE

Read: Mark 4:26-29

The seed sprouts and grows, though he does not know how. v.27

For nearly four decades, a man in India has worked to bring a scorched, sandy wasteland back to life. Seeing how erosion and changing ecosystems had destroyed the river island he loved, he began to plant one tree at a time, bamboo then cotton. Now, lush forests and abundant wildlife fill more than 1,300 acres. However, the man insists the rebirth was not something he made happen. Acknowledging the amazing way the natural world is designed, he marvels at how seeds are carried to fertile ground by the wind. Birds and animals participate in sowing them as well, and rivers also contribute in helping plants and trees flourish.

Creation works in ways we can't comprehend or control. According to Jesus, this same principle applies to the kingdom of God. "This is what the kingdom of God is like," Jesus said. "A man scatters seed on the ground [...] the seed sprouts and grows, though he does not know how" (MATTHEW 4:26,27). God brings life and healing into the world as pure gifts, without our manipulation. We do whatever God asks us of us, and then we watch life emerge. We know that everything flows from His grace.

It's tempting to believe we're responsible to change someone's heart or ensure results for our faithful efforts. However, we need not live under that exhausting pressure. God makes all our seeds grow. It's all grace. *WC*

God continues to grow His kingdom by His grace.

DIA **86**

DIMENSÕES INFINITAS

Leitura: Efésios 3:16-21

...peço que [...] vocês possam compreender a largura, o comprimento, a altura e a profundidade do amor de Cristo. vv.17,18

Deitada, prendi a respiração ao clique da máquina. Eu conhecia muitos que já tinham feito ressonância magnética, mas, para uma claustrofóbica como eu, a experiência exigia concentração em algo ou Alguém muito maior do que eu mesma.

Em minha mente, a frase das Escrituras: "a largura, o comprimento, a altura e a profundidade do amor de Cristo" (v.18), se movia no ritmo do zumbido da máquina. Em sua oração pela igreja de Éfeso, Paulo descreveu quatro dimensões do amor de Deus para destacar os parâmetros infinitos de Seu amor e presença.

Minha posição lá deitada dava uma nova imagem ao meu entendimento. Largura: os 15 cm de cada lado onde meus braços se espremiam dentro do tubo. Comprimento: a distância entre as duas aberturas do cilindro, estendendo-se da minha cabeça aos meus pés. Altura: os 15 cm do meu nariz ao "teto" do tubo. Profundidade: o suporte do tubo fixo ao piso que me sustentava. Quatro dimensões que ilustravam a presença de Deus me cercando e me segurando no tubo de ressonância — e em todas as circunstâncias da vida.

O amor de Deus está por *todos* os lados. Largura: Ele estende os braços para alcançar as pessoas de todos os lugares. Comprimento: Seu amor é infinito. Altura: Ele nos eleva. Profundidade: Ele nos ampara em todas as situações. Nada pode nos separar dele (ROMANOS 8:38,39)! *ELM*

Deus, ajuda-nos a parar para refletirmos sobre o Seu amor multidimensional por nós!

INFINITE DIMENSIONS

Read: Ephesians 3:16-21

I pray that you [...] [will] grasp how wide and long and high and deep is the love of Christ. vv.17,18

I lay still on the vinyl-covered mat and held my breath on command as the machine whirred and clicked. I knew lots of folks had endured MRIs, but for claustrophobic me, the experience required focused concentration on something — Someone — much bigger than myself.

In my mind, a phrase from Scripture — "how wide and long and high and deep is the love of Christ" (EPHESIANS 3:18) — moved in rhythm with the machine's hum. In Paul's prayer for the Ephesian church, he described four dimensions to God's love in order to stress the unending parameters of His love and presence.

My position while lying down for the MRI provided a new image for my understanding. Wide: the six inches on either side of where my arms were tightly pinned to my body within the tube. Long: the distance between the cylinder's two openings, extending out from my head and feet. High: the six inches from my nose up to the "ceiling" of the tube. Deep: the support of the tube anchored to the floor beneath me, holding me up. Four dimensions illustrating God's presence surrounding and holding me in the MRI tube — and in every circumstance of life.

God's love is ALL around us. Wide: He extends His arms to reach all people everywhere. Long: His love never ends. High: He lifts us up. Deep: He dips down, holding us in all situations. Nothing can separate us from Him (ROMANS 8:38,39)! *ELM*

Dear God, help us pause to ponder
Your multidimensional love for us!

DIA **87**

UM DEUS IRADO?

Leitura: Êxodo 33:18,19; 34:1-7

...Javé! O Senhor! O Deus de compaixão e misericórdia! v.6

Ao estudar mitologia, impressionei-me com o quanto os deuses se irritavam e se iravam facilmente. As pessoas que eram objetos dessa ira tinham suas vidas destruídas por mero capricho.

Eu zombava delas, questionando-me como alguém poderia acreditar neles. Mas me perguntei: Será que a minha visão do verdadeiro Deus é muito diferente? Não acredito que Ele se irrita fácil sempre que duvido dele? Infelizmente, sim.

Por isso, aprecio o pedido de Moisés a Deus para mostrar a Sua glória (33:18). Tendo sido escolhido para liderar um grande grupo de pessoas que resmungou contra ele, Moisés queria certificar-se de que Deus o ajudaria com esta enorme tarefa. Seu pedido foi recompensado pela demonstração da glória de Deus. O Senhor anunciou a Moisés o Seu nome e Suas características. Ele diz que é o Deus de compaixão e misericórdia! Lento para irar-se e cheio de amor e fidelidade (v.6).

Este versículo lembrou-me de que Deus não é impulsivo, alguém que repentinamente golpeia com ira. Isso é reconfortante, especialmente quando lembro das vezes que me referi a Ele com impaciência ou críticas. Além disso, o Senhor age continuamente para me tornar mais semelhante a Ele mesmo.

Podemos ver Deus e Sua glória em Sua paciência conosco, na palavra encorajadora de um amigo, num belo pôr do sol ou, melhor de tudo, no sussurro do Espírito Santo em nosso interior.

LMW

Deus Pai, estou grato por seres sempre compassivo, perdoador e fiel.

Embora nós, muitas vezes, mudemos, Deus jamais muda.

AN ANGRY GOD?

Read: Exodus 33:18,19; 34:1-7

The LORD, the LORD, the compassionate and gracious God, slow to anger, abounding in love and faithfulness. v.6

When I studied Greek and Roman mythology in college, I was struck by how moody and easily angered the mythological gods were in the stories. The people on the receiving end of their anger found their lives destroyed, sometimes on a whim.

I was quick to scoff, wondering how anyone could believe in gods like that. But then I asked myself, *Is my view of the God who actually exists much different? Don't I view Him as easily angered whenever I doubt Him?* Sadly, yes.

That's why I appreciate Moses's request of God to "show me your glory" (EXODUS 33:18). Having been chosen to lead a large group of people who often grumbled against him, Moses wanted to know that God would indeed help him with this great task. Moses's request was rewarded by a demonstration of God's glory. God announced to Moses His name and characteristics. He is "the compassionate and gracious God, slow to anger, abounding in love and faithfulness" (34:6).

This verse reminded me that God is not impulsive, suddenly striking out in anger. That's reassuring, especially when I consider the times I've lashed out at Him in anger or impatience. Also, He continually works to make me more like Himself.

We can see God and His glory in His patience with us, the encouraging word of a friend, a beautiful sunset, or — best of all — the whisper of the Holy Spirit inside of us. *LMW*

Father God, I'm grateful that You are always compassionate, forgiving, and faithful.

Though we often change, God never does.

GANANCIOSO INSACIÁVEL

Leitura: Eclesiastes 4:4-8

É melhor ter um punhado com tranquilidade que dois punhados com trabalho árduo e correr atrás do vento. v.6

Na antiga fábula de Esopo *O menino e a jarra de nozes*, um garoto enfia a mão em um pote de nozes e agarra um grande punhado delas. Mas a mão dele está tão cheia que fica presa no jarro. Não querendo perder nem um pouco de suas nozes, o menino começa a chorar. A mãe o aconselha a soltar algumas nozes para que a mão passe pelo bocal da jarra. A ganância é má conselheira.

O sábio Mestre de Eclesiastes ilustra essa moral com uma lição sobre as mãos e o que elas dizem sobre nós. Ele comparou e contrastou o preguiçoso com o ganancioso quando escreveu: "Os tolos cruzam os braços e se arruínam. [...] É melhor ter um punhado com tranquilidade que dois punhados com trabalho árduo e correr atrás do vento" (vv.5,6). Enquanto os preguiçosos procrastinam até se arruinarem, aqueles que buscam riquezas percebem que seus esforços não fazem "sentido, e é tudo angustiante" (v.8).

De acordo com o Mestre, o estado desejado é relaxar da labuta do ganancioso para encontrar contentamento naquilo que realmente nos pertence. Pois aquilo que é nosso sempre o será. Como Jesus disse: "Que vantagem há em ganhar o mundo inteiro, mas perder a vida?" (MARCOS 8:36). *ROO*

Quais objetivos você busca alcançar?
Como você pode aplicar as sábias palavras de Eclesiastes para encontrar tranquilidade?

Deus, obrigado por Tua provisão e presença fiel em minha vida. Ajuda-me a viver da maneira que te agrada manifestando verdadeira gratidão a ti.

GREEDY GRASPING

Read: Ecclesiastes 4:4-8

Better one handful with tranquillity than two handfuls with toil and chasing after the wind. v.6

In the ancient fable *The Boy and the Filberts* (Nuts), a boy sticks his hand into a jar of nuts and grabs a great fistful. But his hand is so full that it gets stuck in the jar. Unwilling to lose even a little of his bounty, the boy begins to weep. Eventually, he's counseled to let go of some of the nuts so the jar will let go of his hand. Greed can be a hard boss.

The wise teacher of Ecclesiastes illustrates this moral with a lesson on hands and what they say about us. He compared and contrasted the lazy with the greedy when he wrote: "Fools fold their hands and ruin themselves. Better one handful with tranquillity than two handfuls with toil and chasing after the wind" (4:5,6). While the lazy procrastinate until they're ruined, those who pursue wealth come to realize their efforts are "meaningless—a miserable business!" (v.8).

According to the teacher, the desired state is to relax from the toil of greedy grasping in order to find contentment in what truly belongs to us. For that which is ours will always remain. As Jesus said, "What good is it for someone to gain the whole world, yet forfeit their soul" (MARK 8:36). *ROO*

What are you driven to pursue and grasp?
How can you apply the wise words of Ecclesiastes
in order to find tranquility?

God, thank You for Your provision and faithful presence in my life. Help me to live in a contented way, exhibiting true gratefulness to You.

ANDE NO PRESENTE COM DEUS

Leitura: Salmo 102:11-13,18-28

Os filhos de teus servos viverão em segurança, e seus descendentes prosperarão em tua presença. v.28

Em *Cristianismo puro e simples* (Martins Fontes, 2014), C. S. Lewis escreveu: "Com quase toda a certeza, Deus não está no *tempo*. A vida dele não consiste em momentos que são seguidos por outros momentos [...]. Dez e meia, ou qualquer outro momento ocorrido desde a criação do mundo, é sempre um presente para Deus". Ainda assim, as esperas costumam parecer infinitas. Mas, ao aprendermos a confiar em Deus, o eterno Criador do tempo, podemos aceitar que nossa frágil existência está segura em Suas mãos.

O salmista admite que seus dias são tão fugazes quanto "as sombras que se vão" e o capim que murcha, enquanto Deus "será lembrado por todas as gerações". Cansado do sofrimento, proclama que Deus "reinará para sempre", afirmando que o Seu poder e compaixão alcançam além do seu espaço pessoal. Mesmo em seu desespero, concentra-se no poder de Deus como Criador. Embora as Suas criações pereçam, Ele permanecerá o mesmo para sempre (vv.11-27).

Quando o tempo parece estar parado ou se arrastando, é tentador acusar Deus de atrasar ou de ser pouco receptivo. Parados, podemos nos tornar impacientes, frustrados e esquecer que Ele escolheu todas as pedras do caminho que planejou para nós. Mas o Senhor nunca nos deixa por nossa conta. Quando vivemos pela fé na *presença de Deus*, podemos andar no *presente com* Ele. XED

Reconhecer Deus como o Criador do tempo o ajuda a confiar nele quando o Seu tempo não atende à sua preferência?

Deus, ensina-nos a recusar as preocupações com o amanhã e a confiarmos em Tua constante presença

WALK IN THE PRESENT WITH GOD

Read: Psalm 102:11-13,18-28

The children of your servants will live in your presence; their descendants will be established before you. v.28

In *Mere Christianity*, C. S. Lewis wrote: "Almost certainly God is not in time. His life does not consist of moments one following another... Ten-thirty — and every other moment from the beginning of the world — is always present for Him." Still, waiting seasons often feel endless. But as we learn to trust God, the eternal Maker of time, we can accept the reality that our fragile existence is secure in His hands.

The psalmist, lamenting in Psalm 102, admits his days are as fleeting as "the evening shadow" and withering grass, while God "endures through all generations" (vv.11,12). The writer, weary from suffering, proclaims that God sits "enthroned forever" (v.12). He affirms that God's power and consistent compassion reach beyond his personal space (vv.13-18). Even in his despair (vv.19-24), the psalmist turns his focus on the power of God as Creator (v.25). Though His creations will perish, He will remain the same for eternity (vv.26,27).

When time seems to be standing still or dragging on, it's tempting to accuse God of being late or non-responsive. We can grow impatient and frustrated with remaining still. We can forget He's chosen every single cobblestone on the path He's planned for us. But He never leaves us to fend for ourselves. As we live by faith in the *presence of* God, we can walk in the *present with* God.

XED

How can acknowledging God as the Maker of time help you trust Him when His timing doesn't meet your preference?

Loving God, please teach us to be present in life, refusing to worry about tomorrow as You affirm Your constant presence.

DIA 90

GRAÇAS POR QUEM DEUS É

Leitura: Salmo 95:1-7

Vamos chegar diante dele com ações de graças [...] pois o SENHOR é o grande Deus... vv.2,3

Talvez, dentre os milhares de sentimentos impressos nos cartões, uma das frases mais tocantes seja esta simples afirmação: "Obrigado por você ser quem é". Se você a recebe, sabe que alguém se importa com sua pessoa; não por algo espetacular que você tenha feito por ela, mas por ser apreciado em sua essência.

Imagino que esse tipo de sentimento talvez indique uma das melhores formas de dizer "obrigado" a Deus. Por certo, há momentos em que Deus intervém em nossa vida de forma palpável, e dizemos algo como: "Obrigado, Deus, por me dares esse emprego". Mas, na maioria das vezes, podemos simplesmente dizer: "Obrigado, Deus, por seres quem Tu és".

É isso que está por detrás de versículos como: "Deem graças ao SENHOR, porque ele é bom; seu amor dura para sempre" (1 CRÔNICAS 16:34). Obrigado, Deus, por seres quem Tu és — bom e amoroso. "Darei graças ao SENHOR porque ele é justo" (SALMO 7:17) Obrigado, Deus, por seres quem és — o Santo. "Cheguemos diante dele com ações de graças [...] pois o SENHOR é o grande Deus... (vv.2,3). Obrigado, Deus, por seres quem Tu és — o Deus Altíssimo.

Quem Deus é. Isso é motivo suficiente para interrompermos o que estamos fazendo para o agradecer. Obrigado, Deus, por seres Deus!

JDB

Obrigado, Deus, por seres quem és
— o Poderoso Deus que nos ama e recebe o nosso amor.
Obrigado por Tua grandeza.
Reverenciamos-te com palavras e cânticos de louvor.

Há inúmeros motivos para agradecermos a Deus, inclusive por Ele ser quem é!

THANKS FOR WHO GOD IS

Read: Psalm 95:1-7

Let us come before him with thanksgiving [...] for the Lord is the great God. vv.2,3

Among the thousands of sentiments printed on greeting cards, perhaps one of the most touching is this simple statement: "Thanks for being you." If you receive that card, you know that someone cares for you not because you did something spectacular for that person but because you're appreciated for your essence.

I wonder if this kind of sentiment might indicate for us one of the best ways to say "thank you" to God. Sure, there are times when God intervenes in our lives in a tangible way, and we say something like, "Thank You, Lord, for allowing me to get that job." But most often, we can simply say, "Thank You, God, for being who You are."

That's what's behind verses like 1 Chronicles 16:34: "Give thanks to the Lord, for he is good; his love endures forever." Thank You, God, for who You are — good and loving. And Psalm 7:17: "I will give thanks to the Lord because of his righteousness." Thank You, God, for who You are — the holy One. And "Let us come before him with thanksgiving [...] for the Lord is the great God" (PSALM 95:2,3). Thank You, God, for who You are — the Almighty God of the universe.

Who God is. That's reason enough for us to stop what we're doing and praise and thank Him. Thank You, God, for just being You! — JDB

*Thank You, dear God, for being who You are.— the Almighty
God who loves us and welcomes our love in return.
Thank You for everything that makes You magnificent.
We stand in awe of You as we praise You with word and song.*

There are countless reasons to thank God, including for who He is!

INTRODUCTION

CHANGE
Following God Through Life's Crossroads

Who among us hasn't clung to the security and familiarity of the present as if our lives depended on it — only to find out later what we would have missed if we had not been forced to change?

That's Saul. How could he ever have imagined the crossroads he would come to, the risks he would take, the miles he would travel, and the new friends he would make along the way?

As RBC storyteller and author Bill Crowder shows in the following pages, it might be hard to find a less likely person to help us discover more joy and courage in our own journey than a student of Moses who once hated all who followed Jesus.

MART DEHAAN

ONE

UNRAVELING A MYSTERY

Change. Is there anything more mysterious? So many of us fervently desire what we don't possess. If only I were older ... If only I were healthy ... If only I were in college ... If only I had a job ... If only I had a better job ... If only I were married ... If only my spouse wouldn't do that ... If only we had a home of our own ... If only we didn't live here ... The list is as endless as our desires

And yet, we fear change—the unknown and the possibility of failure or disappointment. Our frequent yearning for something different often clashes with our fear of change. We can't experience the new without going through some type of change.

There is a Bible character whose life seemed defined by dramatic change and who serves as an example of how to handle it. Aside from Christ Himself, he is the most quoted and most discussed figure from the New Testament. While his name and letters are well known, we often ignore his story. He is the apostle Paul.

It is natural that Paul's name finds its way into many conversations among followers of Christ; he was an extraordinary man. His mission and travels were epic, his mind is esteemed, and his writings fill much of the New Testament. Yet his very name awakens us to the realities of the challenges of change.

> *In terms of volume, the letters of the **apostle Paul** make up roughly one quarter of the New Testament. The 13 letters directly attributed to him comprise nearly half of the New Testament documents.*

Our discussions of Paul usually revolve around one of his letters, a statement from his theology, or some instruction he gave and how we should apply it. But what about the man himself? Far from being a largerthan- life figure carved out of marble, Paul was a man were in fact drawing him to the God who was greater than he had ever imagined. His transformation was so profound that even his name changed (ACTS 13:9). But swapping a P for an S, turning Saul into Paul, only skims the surface of the changes that fundamentally reshaped him. We will examine how

God transformed the heart of a man who then turned the world upside down.

So who was this Saul/Paul? Let's look at his story.

> **Our frequent yearning for something different often clashes with our fear of change.**

> In Scripture, **name changes** often accompany significant times of spiritual transition or encounters with God. Other examples of this are: Abram to Abraham (GEN. 17:5), Jacob to Israel (GEN. 32:28), Daniel to Belteshazzar (DAN. 1:7), and Simon to Peter (MATT. 16:17-18).

TWO

RESISTANCE TO CHANGE

Looking at events that alter or redirect the course of history can produce a variety of responses. Sometimes these events horrify us (the Rwandan genocide or the terrorist attacks of September 11, 2001), sometimes they inspire us (the first manned spacecraft that landed on the moon), and sometimes they challenge us to action (the 1960s American civil rights movement or the end of apartheid in South Africa). The last response—challenge—is particularly true in the events of our personal history. The collected events of our lives mold and shape us; they ignite the passions that fuel our pursuits, development, and growth..

Paul's own history became both a joy and a burden to him. His passionate nature once compelled him to fear and hate followers of Christ for what he wrongly believed were noble motives. But to understand Paul the apostle, we must go back to those days when he was known as Saul, back to the ethnic and religious value system that drove his life.

A PROUD HERITAGE

> *Though I also might have confidence in the flesh. If anyone else thinks he may have confidence in the flesh, I more so: circumcised the eighth day, of the stock of Israel, of the tribe of Benjamin, a Hebrew of the Hebrews; concerning the law, a Pharisee; concerning zeal, persecuting the church; concerning the righteousness which is in the law, blameless*
> (PHILIPPIANS 3:4-6).

Paul's Jewish heritage was the seedbed of his passion. I understand that. Growing up in the southern United States, certain things were bred into my value system— hospitality, kindness, and a measured pace to life. These values were so ingrained that they became a part of who I am. The same was true for young Saul of Tarsus. He was a product of his own place and time.

> **Circumcision** *was the physical reminder to the Jews of God's covenant with Abraham* (GEN. 17:10). *When Paul put his "confidence in the flesh," he was trusting that his religious adherence would bring him right standing with God.*

Saul's personal heritage, his "confidence in the flesh," grew out of his Jewish roots; he took great pride in being a law-keeping son of Abraham. He boasted of his ritual circumcision and celebrated his place in the tribe of Benjamin, the tribe that gave Israel her first king (ironically also named Saul). Though Paul was a "Hebrew of the Hebrews," his background was not defined merely by his ethnicity. He was deeply rooted in the law of Moses—the driving force of his life. The centrality of the law in Saul's life expressed itself in three directions:

> **The collected events of our lives mold and shape us; they ignite the passions that fuel our pursuits, development, and growth.**

1. **An Upward Zeal.** This is seen in the term Pharisee. The Pharisees were religious leaders who committed themselves to meticulous and unyielding adherence to the law. They even went beyond the law of Moses and established additional requirements as an expression of their devotion to the God of Abraham, Isaac, and Jacob.
2. **An Outward Attack.** In his passion for the law, Saul perceived the new church of Jesus Christ not only as rejecting that law but also as a direct threat to it. So fervent was his zeal that he viciously persecuted the church. In his mind, imprisonment and even murder were justifiable means of safeguarding the legacy, traditions, and priority of the law of Moses (ACTS 9:1-2)
3. **An Inward Perfectionism.** Saul of Tarsus practiced what he preached—he walked what he talked. So strict was his adherence to his religious traditions that he described himself as "blameless," or perfect. If anyone excelled in obedience to the law, Saul did.

> *Additional rabbinic commands would become known as the* Mishnah *(which means repetition) and the* Talmud *(learning or instruction). These additions, along with the* Torah *(the first five books of the Old Testament), collectively serve as the authoritative guide for Judaism.*

This was the heritage passed on to young Saul of Tarsus, and he enthusiastically embraced it. The life these values produced consisted of equal parts scholar and activist. Saul of Tarsus was a scholar deeply immersed in the law of Moses, the Old Testament prophets, and more. He would also have been versed in and observant of the leading rabbis of his day, as well as the oral teachings of the Talmud and the Mishnah.

The rigors of his studies developed the value system imprinted on Saul's heart from his earliest days—a system birthed by synagogue attendance coupled with the traditional home training given to

> **Though Paul was a "Hebrew of the Hebrews," his background was not defined merely by his ethnicity. He was deeply rooted in the law of Moses—the driving force of his life.**

Jewish boys of his day. This is important because, through this training process, Saul was gaining more than mere information. He was being molded in heart and mind to the spirit of Judaism.

This led to the other aspect of a life embedded in these values — activism.

A WORLD IN MOTION

Saul's activism was a natural outworking of his training. He was taught that these values were more than just guiding principles or helpful suggestions; they were absolutely essential to honoring God. There were no substitutes, no options, and no variations. A life lived for God — a life of purpose and significance — was anchored by a steely-eyed commitment to these teachings and their careful practice. It was a noble calling, but in Saul's early adult years, it was a life under assault.

First of all, Judaism was feeling the squeeze of both political and military pressure from the occupying presence of Rome, a presence that often stood in open opposition to the values Judaism revered. The very sight of Roman soldiers on the streets of Jerusalem was both offensive and terrifying to observant Jews. Their banners bore the image of Caesar (a practice prohibited in Moses' law, EXOD. 20:4-5) and were paraded through the streets, resulting in unrest and even sparking an occasional riot.

In a very different and ultimately more upsetting way, Judaism was under assault from a threat far more difficult to counter. The burgeoning Christian movement— people of "the Way" (ACTS 9:2)— was making inroads into synagogues and, more importantly, into the hearts of the Jews. Many were converting to faith in Christ, creating a threat to the very practice of Judaism itself.

To young Saul, it is likely that this threat went beyond the practice of Judaism. In his mind, Christians seeking to convince Jews to follow the Nazarene rabbi Jesus were not simply pulling them away from Judaism; they were a threat to their eternal well being. The activist in Saul was not merely attempting to protect Judaism

> [Paul] was taught that these values were more than just guiding principles or helpful suggestions; they were absolutel yessential to honoring God. There were no substitutes, no options, and no variations.

from a competing faith; he was attempting to rescue faithful Jewish people from those he saw as wolves in sheep's clothing.

These were the forces at work in Saul's day, forces that created and molded in him a faith that was far from passive. He was actively engaged in the ceremonial practices of Judaism and fully committed to its physical defense. Yet despite the depth of his commitment to the law, Saul was about to discover that the thing he feared most was actually the very thing he desperately needed. The core of Saul's worldview would undergo dramatic change—a change that began on a dusty road to the city of Damascus.

THREE

A LIFE FAR BETTER

Saul of Tarsus dpassionately pursued what he thought mattered most because he thought the law of Moses was the source of life. That passionate pursuit led him down the Damascus Road and to an encounter with Christ that would not only change him but would also change the world.

A TERROR-FILLED MISSION

Then Saul, still breathing threats and murder against the disciples of the Lord, went to the high priest and asked letters from him to the synagogues of Damascus, so that if he found any who were of the Way, whether men or women, he might bring them bound to Jerusalem (ACTS 9:1,2).

Saul's passion for the law drove him to persecute followers of Christ. We first see this when he participated in the murder of Stephen, an early Christ-follower who boldly declared the message of Jesus. Extending the reach of the persecution, Saul moved beyond his meticulous observance of the law and embarked on a murderous campaign against the young church (ACTS 7:58–8:3). In an attempt to eradicate the influence of Jesus of Nazareth, Saul went outside Jerusalem to pursue the followers of Jesus. First stop, Damascus.

A TRANSFORMING ENCOUNTER

As he journeyed he came near Damascus, and suddenly a light shone around him from heaven. Then he fell to the ground, and heard a voice saying to him, "Saul, Saul, why are you persecuting Me?" And he said, "Who are You, Lord?" Then the Lord said, "I am Jesus, whom you are persecuting. It is hard for you to kick against the goads." So he, trembling and astonished, said, "Lord, what do You want me to do?" Then the Lord said to him, "Arise and go into the city, and you will be told what you must do." And the men who journeyed with him stood speechless, hearing a voice but seeing no one. Then Saul arose from the ground, and when his eyes were opened he saw no one. But they led him by the hand and brought him into Damascus. And he was three days without sight, and neither ate nor drank (ACTS 9:3-9).

The story of Saul's conversion has become so well known that the catalyst for a fundamental change in perspective is often described as "a Damascus Road experience." It is a fitting description, for few transformations have been so sudden and so sweeping as Saul's encounter with Christ.

> **In an attempt to eradicate the influence of Jesus of Nazareth, Saul went outside Jerusalem to pursue the followers of Jesus.**

The scene is vivid. An intense light knocked Saul to the ground, literally depicting what was taking place in Saul's heart. Even as the light of Christ engulfed him on the road, Saul's heart was rescued from darkness and brought into light. This relocation is at the very core of experiencing salvation in Christ. In one of his letters, Paul described the transformation this way: "He has delivered us from the power of darkness and conveyed us into the kingdom of the Son of His love" (COL. 1:13).

This is precisely what Saul experienced on the Damascus Road. Though his life was marked by spiritual passion, it had been cloaked in spiritual darkness and, as a result, his passions had been misguided. Now, in the light of Christ, young Saul saw clearly. The target of his persecution was not merely those he felt were opposed to the laws of Moses, he had been opposing Jesus Himself. On the Damascus Road, Saul came to an intersection that demanded a choice—a choice that would reorder his personal and private world. His life would never be the same.

When he asked, "Who are You, Lord?" (ACTS 9:5), Saul heard words he could not have expected: "I am Jesus, whom you are persecuting." His life was immediately rerouted to one of loving submission to Christ. Saul's encounter with Jesus produced a dramatic change in purpose. Moments before, he had been persecuting Christ's followers. Now he would be numbered among them.

Saul's purpose was now grounded in a new relationship with the very Jesus he had been so vigorously opposing. He would continue on to Damascus, but for a radically different reason. Saul's purpose was now grounded in a new relationship with the very Jesus he had been so vigorously opposing. He would continue on to Damascus, but for a radically different reason.

> *The imagery of light and darkness* has clear messianic significance. The curse of sin plunged humanity into darkness but the light of God appeared in the person of Jesus Christ and dispelled the darkness (JOHN 1).

A TRUE CHANGE

So when he had received food, he was strengthened. Then Saul spent some days with the disciples at Damascus. Immediately he preached the Christ in the synagogues, that He is the Son of God. Then all who heard were amazed, and said, "Is this not he who destroyed those who called on this name ein Jerusalem, and has come here for that purpose, so that he might bring them bound to the chief priests?" But Saul increased all the more in strength, and confounded the Jews who dwelt in Damascus, proving that this Jesus is the Christ. (ACTS 9:19-22)

> Saul's life changed at a foundational level, and his passion actually increased, preparing him to endure the kind of persecution he had once imposed on others

For me, the key word in this passage is immediately. With the changing of his purpose, there was no lessening of his passion. Saul immediately became a messenger of the Christ he had once feared and resisted. And he presented this message in the synagogue—the very place he had sought to "protect" from the gospel. It's hard to imagine a more profound change. Saul had moved from spiritual darkness to the light of the Messiah, Jesus Christ. Saul's life changed at a foundational level, and his passion actually increased, preparing him to endure the kind of persecution he had once imposed on others. He began his journey to Damascus driven by a passion for the law, but a purpose more worthy of his devotion overtook him.

FOUR

A PURPOSE MUCH GREATER

Sometimes the **wisdom of God** is a "no-brainer," and sometimes the wisdom of God is a "headscratcher." I suppose that is why the prophet Isaiah wrote, "'For My thoughts are not your thoughts, nor are your ways My ways,' says the LORD. 'For as the heavens are higher than the earth, so are My ways higher than your ways, and My thoughts than your thoughts'" (ISA. 55:8-9).

It isn't exactly breaking news that God is wiser than we are. Still, it can be frustrating when He works in ways that seem counterintuitive. The life of the apostle Paul is a perfect example of this kind of head-scratching reality. Think back to the beginning of Paul's story. His background, training, and experience outfitted him perfectly to serve the early church as a messenger to the Jewish people. His thorough understanding of the Scriptures equipped him to counter the arguments of his Jewish brothers. And during the early years of his journey with Christ,

> Paul's background, training, and experience outfitted him perfectly to serve the early church as a messenger to the Jewish people. But that would change ...

Paul's heritage as a "Hebrew of the Hebrews" served him well. On his first two outreach trips, he engaged in church planting by entering synagogues, presenting Christ from the Scriptures, and planting a new assembly among those who had accepted his message. But that would change. In fact, it had to change because God's stated purpose for Paul was given in the instructions the Lord gave to Ananias when the newly converted Saul had arrived in Damascus: "But the Lord said to him, 'Go, for he is a chosen vessel of Mine to bear My name before Gentiles, kings, and the children of Israel'" (ACTS 9:15, EMPHASIS ADDED)

> *From the beginning it was God's intention for Israel to take the message of the Messiah to all peoples on earth. "Abraham shall surely become a great and mighty nation, and all the nations of the earth shall be blessed in him"* (GEN. 18:18).

God wanted Paul, the person best equipped to take the message of Christ to the Jews, to turn his passion toward the Gentiles—all those who are not Jewish in race or religion. In Acts 13, this purpose came to fruition. Paul and his mentor, Barnabas, were engaging the Jewish people in synagogues throughout seeing people come to Christ. But they were beginning to face opposition. In Antioch of Pisidia the opposition was so intense that Paul embraced a change that would rock his world—and ours: Asia Minor (modern-day Turkey) and seeing people come to Christ. But they were beginning to face opposition. In Antioch of Pisidia the opposition was so intense that Paul embraced a change that would rock his world—and ours:

> *Then Paul and Barnabas grew bold and said, "It was necessary that the word of God should be spoken to you first; but since you reject it, and judge yourselves unworthy of everlasting life, behold,* we turn to the Gentiles. *For so the Lord has commanded us: 'I have set you as a light to the Gentiles, that you should be for salvation to the ends of the earth'"* (ACTS 13:46-47, EMPHASIS ADDED).

"We turn to the Gentiles" was a public announcement that the message of the cross was not limited by ethnic, national, or cultural considerations. It was a declaration that the forgiveness accomplished in the sacrifice of God's Son was available to all people in all lands. Paul's shift from a Jewish to a Gentile audience set Christianity on a path that will one day be fully realized in the presence of the Father: "They sang a new song, saying: 'You are worthy to take the scroll, and to open its seals; for You were slain, and have redeemed us to God by Your blood out of every tribe and tongue and people and nation'" (REV. 5:9).

Though the message of the cross had already been offered to Gentiles by Philip (ACTS 8:26-40) and Simon Peter (ACTS 10), it was the special assignment of Paul to take the story of Jesus to the nations. And take it he did. This mission took Paul beyond Asia Minor to Macedonia, Greece, and finally to Rome itself

The work of creating a global family of faith began with the change that Paul initially feared and resisted. The change and mission that began on the Damascus Road would take him through joy and loss, celebration and suffering, shipwreck and rescue, imprisonment, and eventually death. Yet Paul discovered that this was a mission worth living and dying for. It was a mission rooted in a heart that had been changed by the cross and spirit of Christ (SEE GAL. 2:20). And this same missioncontinues to draw passion, devotion, and allegiance from followers of Christ today.

This change, however, did not come easily. Christ overcame Paul's initial fears, doubts, and resistance to finish the transformation that began on the Damascus Road:

- Saul's ancient namesake was marked by his intense hatred of David, but Saul of Tarsus' hatred for the church was transformed into passionate love. *Christ changes our hearts.*
- Saul and much of the Jewish religious leadership saw Christ as doing grave damage to their law. But Paul discovered that Jesus is the means by which the law can be understood, honored, and lived in spirit. *Christ expands our understanding.*
- The movement of Saul's heart away from a life and religion that depended on his own effort to one that depended on God's wonderful grace was evidence that Christ is more than a historical religious figure. *Christ is our life and strength.*
- Paul's mission beyond Israel revealed a God greater than one nation could contain. *Christ died for all.*
- Paul's transformation from bringing pain and suffering to others to a man devoted to the development and advancement of others imitated Jesus. *Christ was the servant of all.*

From Saul to Paul, from persecutor to believer, from protector of Israel to apostle to the Gentiles, Saul's change is an example of what can happen in any life when Christ is given reign in that heart. It is the ultimate fulfillment of the forgiveness, restoration, and transformation the cross was intended to accomplish.

FIVE

TIMES OF CHANGE

Is there anything more mysterious than change? Change impacts us in ways we can't anticipate and may not understand. This reality is not limited to technology, cultural values, or politics. There is no more profound change than when an individual finds hope and peace in the grace of Jesus. Paul experienced it on the Damascus Road and throughout his journey with the Savior—change so profound that all the elements of his Jewish heritage that meant so much to him faded into the background. He told the Philippians:

> *But what things were gain to me, these I have counted loss for Christ. Yet indeed I also count all things loss for the excellence of the knowledge of Christ Jesus my Lord, for whom I have suffered the loss of all things, and count them as rubbish, that I may gain Christ* (PHIL. 3:7-8).

Paul experienced this dramatic change in the purpose of his life, and so can we. "Therefore, if anyone is in Christ, he is a new creation," Paul wrote to the church at Corinth. "Old things have passed away; behold, all things have become new" (2 COR. 5:17).

Paul wrote, "Christ Jesus came into the world to save sinners, of whom I am chief" (1 TIM. 1:15). Interestingly, he did not write in the past tense when he made this claim. He still viewed himself as the most prominent sinner. This is reminiscent of his letter to the Romans, where Paul lamented his propensity to sin by saying, "Oh, wretched man that I am!" (ROM. 7:24).

"All things have become new" is the declaration that Jesus came into this world to transform men and women. For 2,000 years, people have found that those words powerfully describe the privilege of relationship with Christ. Though Paul saw himself as the "chief" of sinners (1 TIM.1:15), he knew that his life, purpose, and eternal destiny had been changed by Christ.

The question for us is this: How do we respond to change? Do we kick against it, as Saul of Tarsus did early in his life (ACTS 9:5)? Or do we prayerfully seek God's hand in it, as Paul the apostle learned to do in a lifetime of service to his Lord and Savior?

> There is no more profound change than when an individual finds hope and peace in the grace of Jesus. Paul experienced it on the Damascus Road and throughout his journey with the Savior.

Father in heaven, We too are a people of strong emotion and commitment. Sometimes we cling to the present as if our lives depended on it, even though our hearts tell us that we have been made for something greater than we have yet experienced. Thank You for using the life of Paul to show us that we are not alone in resisting the changes that end up showing us how much we need You.

Help us trust Your Son as our and as the Lord who can bring us to You. Your Son died in our place, and we believe His resurrected life impacts and changes us in ways far beyond our ability to understand.

Give us the grace to realize that change does not take You by surprise but is a means by which You help us to find in You, through Your Son and Your Spirit, more than our hearts ever imagined possible

NOTAS / Notes:

NOTAS / Notes: